글 김춘희 선생님

김춘희 선생님은 상냥한 오빠, 까칠이 여동생 남매와 함께 여행하며 글을 쓰는 엄마여행작가예요. 글을 쓸 때면 마음이 바빠져요. 여행길에서 만난 근사한 풍경과 놀라운 이야기를 얼른 들려주고 싶거든요. 예쁜 그림 이야기를 즐겨 읽고, 커다란 랜드마크, 으스스한 귀신, 긴가민가한 괴생명체 이야기를 특히 좋아해요. 지은 책은 《아이와 함께 여행하는 6가지 방법》《멸종 위기의 동물들을 구해 줘!》《기후 변화가 뭐예요?》《말랑말랑 뇌 운동》 등이 있어요.

그림 이일선 선생님

이일선 선생님은 교과서, 학습서, 문학, 실용서, 정기간행물 등 다양한 분야의 책에 그림을 그리고 있어요. 홍익대학교 산업미술대학원에서 산업디자인을 전공하고, 대한민국 현대미술대전에서 대상을 수상한 것을 비롯하여, 여러 공모전에서 입상하고 전시회에 참여했어요. 《톨스토이 단편선》《탈무드》 등 많은 책에 삽화를 그렸고, 《나 혼자 인물 드로잉》《나 혼자 풍경 드로잉》《나 혼자 연필 스케치》《초간단 손그림 12000》《뮤즈와 함께 떠나는 예술 여행》 등 많은 책도 썼습니다.

꼬리에 꼬리를 무는 랜드마크 지구여행 2

초판 1쇄	발행 2023년 9월 15일

지은이	김춘희
그린이	이일선
편집인	옥기종
발행인	송현옥
디자인	VAINNO
펴낸곳	도서출판 더블:엔
등 록	2011년 3월 16일 제2011-000014호
주 소	서울시 강서구 마곡서1로 132, 301-901
전 화	070_4306_9802
팩 스	0505_137_7474
이메일	double_en@naver.com

ISBN 979-11-91382-25-9 (74900)
　　　979-11-91382-23-5 (세트)

※ 이 책은 저작권법에 따라 보호받는 저작물이므로 무단전재와 무단복제를 금지합니다.
※ 잘못된 책은 바꾸어 드립니다.
※ 책값은 뒤표지에 있습니다.
※ 더블엔 주니어는 도서출판 더블엔의 청소년 브랜드입니다.

꼬리에 꼬리를 무는
랜드마크 지구여행 2

김춘희 글 | 이일선 그림

더블:엔 주니어

작가의 말

"금방 넘어질 것 같아!"

피사의 사탑을 처음 봤을 때, 아홉 살 푸린양은 깜짝 놀랐어요. 푸릇한 잔디밭에 위태롭게 서 있는 새하얀 피사의 사탑은 정말 그랬어요. 발에 힘을 주어 쿵쿵거리면 금방 무너져버릴 것 같았거든요.

"왜 기울어졌을까?"

"지진이 나면 분명히 무너질 거야!"

"계속 기울어지고 있나?"

기우뚱한 피사의 사탑 앞에서 우리는 궁금한 게 아주 많았어요.

어린이 독자 여러분, 반가워요!

피사의 사탑이 넘어질까 봐 걱정이 깊은 푸린양의 엄마예요. 엄마 여행작가인 저는 아이들과 여행하고 있어요. 잔뜩 기울어진 피사의 사탑을 보고, 절반쯤 무너진 콜로세움도 들르고, 작고 귀여운 오줌싸개 동상 앞에서 와플도 먹었지요. 이 특별한 방문을 아이들이 몽땅 기억할 줄 알았어요.

어린이 독자 여러분! 이렇게 특별한 방문은 시간이 지나도 기억해야 하지 않나요? 생생하게 떠올려야 하지 않나요?

하지만 아이들의 표정은 이렇게 말하는 것 같았어요.

"내가 거기를 간 적이 있다고요?"

아, 진짜 실망했어요.

그런데 말이에요. 비슷비슷하게 생긴 성인데 런던탑은 유독 또렷하게 기억했어요. 왜일까요? 런던탑을 돌아보며, 런던탑에 숨어 있는 유령 이야기를 들려줬거든요. 왜 유령이 있는지도 알려줬고요. 재미있는 이야기가 있는 랜드마크는 아주 오랫동안 기억하고 있었어요.

크고 높고 유명한 랜드마크는 그 자체로도 소중하지요. 랜드마크가 간직한 이야기까지 알게 된다면 더욱 사랑하게 될 거예요.
아이들과 여행하며, 꼭 들려주고 싶었던 랜드마크 이야기를 정성껏 골랐어요. 흥미롭고, 슬프고, 무서운 이야기도 차곡차곡 모았어요. 에펠탑을 제일 싫어한 사람은 누구인지, 천하의 영웅인 헤라클레스가 지치면 어떤 모습일지 궁금하지요?
랜드마크에 담긴 이야기를 읽으며, 지구를 나누며 사는 사람들의 용기와 지혜를 얻을 수 있으면 좋겠어요. 그래서 우리 지구를 더 사랑하게 되기를 바라요.

꼬꼬무 랜드마크 지구여행으로 이야기 여행을 한 다음, 비행기 타고 진짜 여행을 떠나도 좋아요. 피사의 사탑이 넘어질까 걱정하는 아홉 살 꼬마를 만나면 들려줄래요?
"피사의 사탑은 넘어지지 않아, 왜냐하면…" (1권 43페이지에 답이 있어요!)
신나는 꼬꼬무 랜드마크 지구여행을 시작해볼까요?

2023. 8월.
엄마여행작가 김춘희

이 책을 재미있게 읽는 방법

흥미로운 퀴즈로 시작하여
재미있는 플레이타임으로 끝나는
《꼬꼬무 랜드마크 지구여행》은 이렇게 구성되어 있어요.

2. 랜드마크의 특징을 그림, 지도, 도표로 한눈에 볼 수 있어요.

① 랜드마크를 한 줄로 설명해보아요.
② 랜드마크의 건축 연도를 알아보아요.
③ 어느 나라, 어느 곳에 있는지 알아보아요.

④ 세계지도 속 위치를 한눈에 보여주지요.
⑤ 나라의 기본적인 정보도 알고 가면 좋아요.

1.
어디로 떠나게 될지, 무엇을 만나게 될지 퀴즈를 풀며 맞춰보아요!

아래쪽에 정답이 있어요

3. 본격적으로 여행을 떠나볼까요~

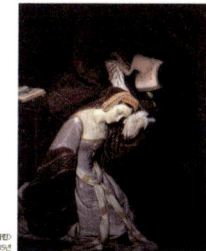

① 여러분이 궁금해하는 질문에, 작가 선생님이 친절하게 답을 들려줄 거예요.

② 무슨 뜻이지? 이건 뭘까? 하는 단어가 등장할 때, 낱말 풀이를 살짝 참고하면 궁금증이 사라져요.

4. 랜드마크와 관련된 유명하거나 재미있는 그림도 살펴볼 거예요. 오싹한 이야기도 여러분을 기다리고 있어요!

6.

여행의 마지막은 어린이 여러분이 좋아하는 플레이타임! 시간이에요~

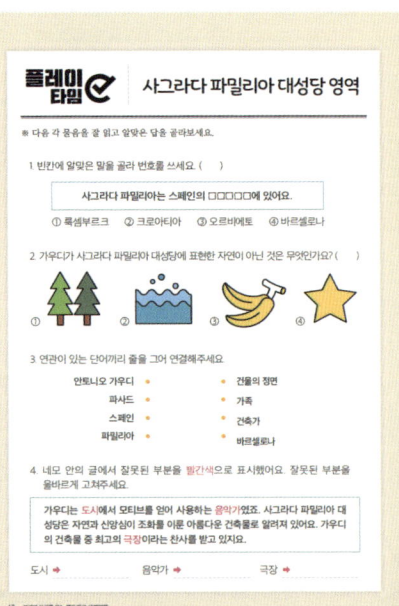

5. 랜드마크 또는 관련된 주변 인물과 사건에 관한 뒷이야기도 빠트릴 수 없어요. 문화, 예술, 역사, 신화에 대한 공부도 된답니다.

흥미진진 뒷이야기

자, 이제 꼬리를 물고 다음 퀴즈를 풀며 새로운 랜드마크 여행지로 출발해볼까요?

꼬리에 꼬리를 무는 랜드마크 지도 2

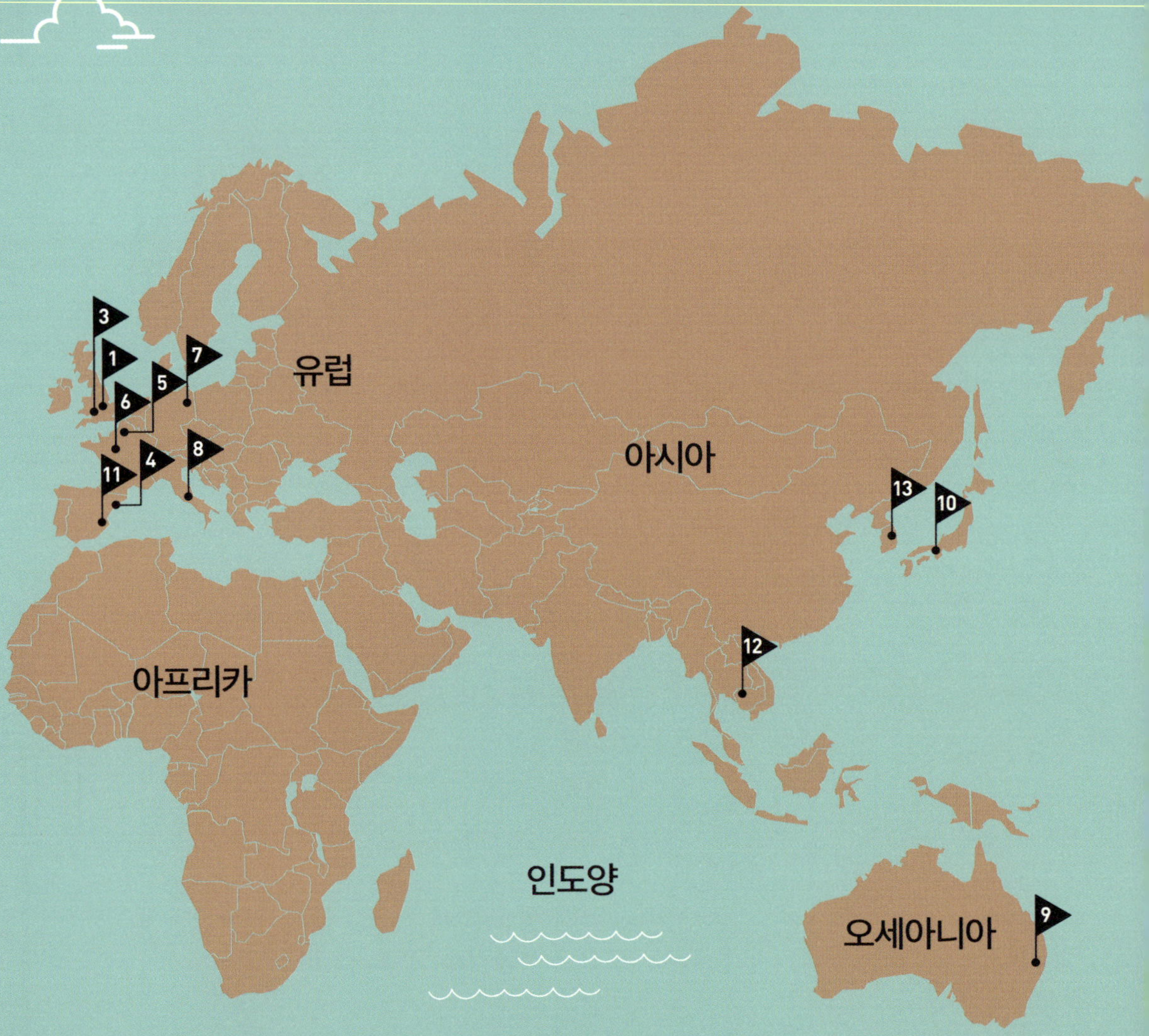
3
1
7
5
6
유럽
8
4
11
아시아
13
10
12
아프리카
인도양
오세아니아
9

초등 교과 연계

관련 교과 교육과정

학년	교과목	교과 과정
3학년 1학기	사회	2-2. 우리 고장의 문화유산
5학년 2학기	사회	1. 옛 사람들의 삶과 문화
6학년 2학기	사회	1. 세계의 여러 나라들

이 책을 읽으며 어떤 교양(능력)을 얻을 수 있나요?

창의적 사고력
우리 지구에 살고 있는 사람들의 옛날과 현재의 모습을 알아가면서 가치 있고 새로운 생각을 하는 데 도움이 되어요.

문제해결력
역사 속 다양한 사건과 문화를 접하는 동안 여러 관점에서 스스로 분석하고 평가할 수 있게 되지요.

정보활용 능력
세계 지도와 친해지면서 지도에서 랜드마크를 찾을 수 있어요. 책속 여러 나라를 여행하며 다양한 정보를 얻고 활용할 수 있어요.

꼬꼬무 랜드마크 스탬프 여행

자, 꼬꼬무 랜드마크 지구여행을 시작할 준비, 되었나요?
01번부터 13번까지 차례대로 재미있게 꼬리를 물고 여행을 떠나보아요.
퀴즈를 풀고 플레이타임까지 마친 후, 이 페이지에 정리해보는 거예요.
숫자 위에 동그라미를 쳐도 좋고, 어린이 여러분이 갖고 있는 스탬프를 찍어도 좋아요!

꼬리에 꼬리를 무는 랜드마크 지구여행

2 차례

유령과 까마귀가 함께 머무는 런던의 요새 **런던탑** · 18 ①

커다란 얼굴로 섬을 지키는 든든한 수호신 **모아이** · 30 ②

수수께끼 가득한 거대한 돌기둥 **스톤헨지** · 42 ③

인간의 정성으로 지어지는 하느님 공간 **사그라다 파밀리아 대성당** · 52 ④

작고 소중한 도시 지킴이 **오줌싸개 동상** · 64 ⑤

이긴 자만 통과할 수 있는 승리의 관문 **개선문** · 74 ⑥

분단의 아픔을 기억하는 평화의 문 **브란덴부르크 문** · 86 ⑦

잔혹한 죽음이 가득한 피투성이 경기장 **콜로세움** · 98 ⑧

오렌지를 닮은 아름다운 공연장 **오페라하우스** · 110 ⑨

불에 타지 않는 새하얀 백로성 **히메지성** · 120 ⑩

이슬람의 유산을 간직한 붉은 보석 **알람브라 궁전** · 132 ⑪

지상에 세운 황금빛 신의 궁전 **앙코르와트** · 144 ⑫

고대의 밤하늘을 살핀 오래된 파수꾼 **첨성대** · 156 ⑬

랜드마크는
탐험가나 여행자가 원래의 장소로 돌아오기 위해 남겨두는 표식을 가리키는 말이었어요. 지금은 어떤 장소를 대표하는 건물이나 동상 같은 상징물을 부르는 말로 사용되고 있어요.

이 책을 만들며

- 건축 시기가 명확하지 않은 랜드마크는 유네스코위원회의 자료를 참고하였습니다.
- 도서에 실린 환율, 인구 등의 정보는 2023년 7월 기준입니다.
- 랜드마크 이미지 출처는 언스플래쉬이며, 랜드마크의 위치를 보여주는 원안 상세 지도의 출처는 Google Map입니다.
- 명화의 소개는 〈작품명〉, 작가명, 제작년도의 순서로 표기했습니다.

마추픽추는 울창한 숲에 가려져 있는
비밀스러운 도시였어요.
유령이 나오는 비밀을 간직한
으스스한 랜드마크는 어디일까요?

❶ 브란덴부르크 문   ❷ 런던탑

꼬꼬무
랜드마크
퀴즈 A
유령이 나오는 곳으로 알려진 으스스한 랜드마크는
❷ 런던탑이에요.

01

TOWER OF LONDON

런던탑

유령과 까마귀가 함께 머무는 런던의 요새 | 11세기 ~ 13세기 | 영국 런던

영국

위치	유럽 대륙 북서부
수도	런던
언어	영어
인구	약 6,800만 명
화폐	파운드 (1파운드 = 약 1,600원)
특징	유럽 대륙에서 떨어진 섬나라, 전 세계 영토의 4분의 1을 차지하는 대제국을 이룩해서 '해가 지지 않는 나라'로 불렸어요.

Q 런던탑은 탑이에요?

이름은 '탑'이지만 실제로는 성이에요. 13개의 탑과 성벽으로 이루어진 건축물이지요. 런던탑은 정복왕이라는 **별칭**을 가진 윌리엄 1세가 적의 침입이나 반란에 대비해서 런던 한가운데에 지었어요. 처음에는 **요새**와 왕궁으로 쓰였다가 죄수를 가두는 감옥으로 바뀌었어요. 그래서 영국에서 '탑으로 보내졌다'라는 말은 감옥에 갔다는 말과 같은 뜻이래요. 지금은 왕실의 보물을 전시하는 박물관으로 사용되고 있답니다.

별칭 이름과는 다르게 부르는 호칭
요새 적의 공격에 견딜 수 있도록 견고하게 만들어진 시설

Q 성인데 왜 탑이라고 불러요?

런던탑에서 가장 중요한 건물은 제일 먼저 세워진 화이트 타워예요. 하얀색으로 벽을 칠해서 화이트 타워라고 불렀어요. 높이가 30미터인데 런던탑이 지어진 11세기에는 런던에서 가장 높은 건물이었어요. 런던탑을 성이라고 부르지 않고 탑이라고 부르는 이유는, 화이트 타워가 런던탑을 대표하는 건물이기 때문이에요.

Q 런던탑에서 유령이 나온다고요?

런던탑이 감옥으로 사용되었다는 것을 기억하지요? 죄수들은 배를 타고 **템스강**과 연결된 '반역자의 문'을 통해 런던탑으로 들어왔어요. '반역자의 문'으로 들어온 죄수 중 살아서 나간 사람은 엘리자베스 1세 여왕밖에 없었다고 해요. 그중 많은 사람이 목이 졸려 죽는 교수형을 당하거나 목이 잘리는 참수형을 당했어요.

템스강 영국의 수도인 런던을 흐르는 강

그래서인지 런던탑에는 유령이 머문다고 알려져 있어요. 그때 죽은 사람들이 유령이 되어서 탑의 복도를 걸어다니기도 하고, 물끄러미 창밖을 내다보기도 한대요.

 누구의 유령일까요?

런던탑에서 가장 유명한 유령은 앤 불린의 유령이에요. 앤 불린은 영국 왕 헨리 8세의 두 번째 부인이었어요. 헨리 8세에게는 모두 여섯 명의 부인이 있었거든요. 앤 불린은 딸을 하나 낳았고 아들은 낳지 못했어요. 헨리 8세는 그것을 핑계 삼아 앤 불린을 미워하기 시작했어요. 앤 불린은 런던탑에 갇혀 있다가 참수형을 당했어요. 앤 불린 유령은 머리가 없는 채로 나타나 예배당 앞을 서성인다고 해요. 앤 불린 유령은 자신이 죽은 날에는 고향 마을

〈런던탑에 갇힌 앤 불린〉
에두아르 시보, 1835년

에도 나타난다고 해요. 목이 없는 마부가 모는 마차를 타고 오는데, 마차를 끄는 말들도 목이 없대요.

Q 앤 불린 유령을 본 사람이 있나요?

1800년대 어느 밤, 한 병사가 런던탑을 지키고 있었어요. 예배당 앞을 지나는데 안에서 빛이 새어 나왔어요. 병사는 이상하게 생각하고 창문으로 예배당을 들여다보고는 깜짝 놀랐어요. 갑옷을 입은 기사와 우아한 드레스를 입은 여인들의 유령이 예배당 안을 줄지어 걷고 있지 뭐예요? 그 행렬의 맨 앞에 앤 불린의 유령이 있었고요! 또 다른 병사도, 희미한 형체의 여자를 목격했어요. 병사는 머리가 없는 것을 보고 놀라서 총을 쐈어요. 그런데 총알이 여자의 몸을 통과하는 거예요! 병사는 기절하고 말았대요.

Q 런던탑에 나타나는 또 다른 유령도 있어요?

형제인 에드워드 5세와 리처드의 유령도 종종 나타난다고 해요. 어린 형제는 갇혀 있었던 블러디 타워나 유골이 발견된 화이트 타워에 주로 나타나는데 죽을 당시와 같은 10대 소년의 모습이래요. 어린 형제가 손을 맞잡고 서 있다가 블러디 타워의 벽 속으로 스르르 사라지는데 그곳에서는 킥킥거리는 아이들의 웃음소리가 들리기도 한대요. 잠옷을 입은 소년들이 잔뜩 겁에 질려서 함께 있거나 복도를 헤매는 모습도 보이고요. 형제의 유령 말고도 런던탑에서 처형된 많은 영혼이 그곳을 떠나지 못하고 떠돌고 있대요.

어린 형제가 왜 탑에 갇히게 됐어요?

에드워드 5세는 13살에 왕이 되었어요. 아버지 에드워드 4세가 갑자기 사망했기 때문이죠. 아버지는 자신의 동생 글로스터 공에게 에드워드 5세를 도와달라고 부탁했어요. 하지만 삼촌 글로스터 공은 오히려 에드워드 5세 주변 인물들을 모두 제거하고 스스로 왕이 되었어요. 그리고는 에드워드 5세와 동생 리처드를 런던탑 깊숙이 가두어버렸지요. 에드워드 5세가 왕으로 있었던 기간은 겨우 2개월이었어요. 런던탑에 갇힌 형제는 서로를 의지하며 불안한 하루하루를 보냈어요. 그러던 어느 날 형제가 갇힌 탑에 누군가가 나타나 형제를 죽이고 말아요. 형제를 죽인 사람이 누구인지, 누가 보냈는지 밝혀지지 않았지만 누구나 짐작할 수 있었어요. 형제가 갇혀 있던 탑의 원래 이름은 '가든타워'였는데 형제가 죽은 후 '블러디 타워(피의 탑)'라고 부르고 있어요.

〈런던탑의 왕자들〉
존 에버렛 밀레이, 1878년

런던탑에 갇힌 열일곱 살 소녀, 제인 그레이

새하얀 드레스를 입은 소녀가 눈을 가리고 있어요. 소녀는 지금 손을 쭉 뻗어 무언가를 찾고 있어요. 소녀의 이름은 제인 그레이. 제인 그레이는 왕족이었지만 왕이 될 차례는 아니었어요. 하지만 귀족들의 권력 싸움에 휘말려 갑자기 왕이 되었지요. 원하지 않았던 왕의 자리에 오른 지 얼마되지 않아 다시 **반역**이 일어났어요. 제인 그레이는 런던탑에 갇히고 말았어요. 왕이 된 지 고작 9일만이었어요. 반 년 후, 제인 그레이는 처형을 당했어요. 그림은 처형 당하기 직전의 모습이에요. 오른쪽에 도끼를 세운 채 소녀를 바라보고 있는 남자는 소녀의 목을 자를 사형 집행인이에요. 소녀가 손으로 더듬더듬 찾고 있는 것은 목을 올려놓을 나무 받침대예요. 소녀의 외투를 무릎에 올려놓고 쓰러질 듯 슬퍼하는 시녀의 모습이 안타까워요. 제인 그레이는 여왕답게 내내 당당했지만 마지막 순간엔 울음을 터트렸다고 해요. 열일곱 살의 제인 그레이가 처형된 이 장소도 바로 런던탑이랍니다.

반역 나라를 배반함

〈레이디 제인 그레이의 처형〉 폴 들라로슈, 1833년

까마귀가 런던탑을 지켜요!

영국에는 '런던탑에 사는 까마귀들이 떠나면 왕실이 몰락할 것이다'라는 전설이 있어요. 국왕은 "런던탑에는 언제나 6마리 이상의 까마귀가 살고 있어야 한다"라는 **칙령**을 내렸어요. 지금은 7마리의 까마귀가 살고 있어요. 이 까마귀들은 까마귀 지킴이(레이븐 마스터)와 조수가 돌보고 있어요. 까마귀들이 날아가지 않을까 궁금하지요? 런던탑의 까마귀들은 멀리 날아갈 수 없어요. 한쪽 날개의 날개깃이 잘려서 짧은 거리만 날 수 있답니다.

영국 왕실은 까마귀를 소중하게 돌보고 있어요. 하지만 문제가 있는 말썽쟁이 까마귀는 쫓아내기도 해요. '조지'라는 까마귀가 런던탑을 벗어나 가까운 가게로 날아간 적이 있어요. 조지는 경고를 받았어요. 그 이후로도 크고 작은 말썽을 부렸는데 어느 날 텔레비전 안테나를 망가뜨렸지 뭐예요? 조지는 결국 런던탑에서 쫓겨나고 말았대요.

칙령 임금이 내린 명령

 | # 런던탑 영역

※ 번호와 같은 색을 칠해서 그림을 완성하세요. 무엇이 나타났나요?

정답 : _____

런던탑에 나타나는 유령의 비밀을 알 것 같나요?
그런데 비밀을 알아내지 못해
외계인이 만들었다고 생각하는 유적이 있어요.
칠레에 있는 이 랜드마크는 무엇일까요?

❶ 모아이   ❷ 만리장성

꼬꼬무 랜드마크 퀴즈 A 외계인이 만들었다고 생각하는 유적은 ❶ 모아이랍니다!

02 MOAI
모아이

커다란 얼굴로 섬을 지키는 든든한 수호신 | 1400 ~1650년 | 칠레 이스터 섬

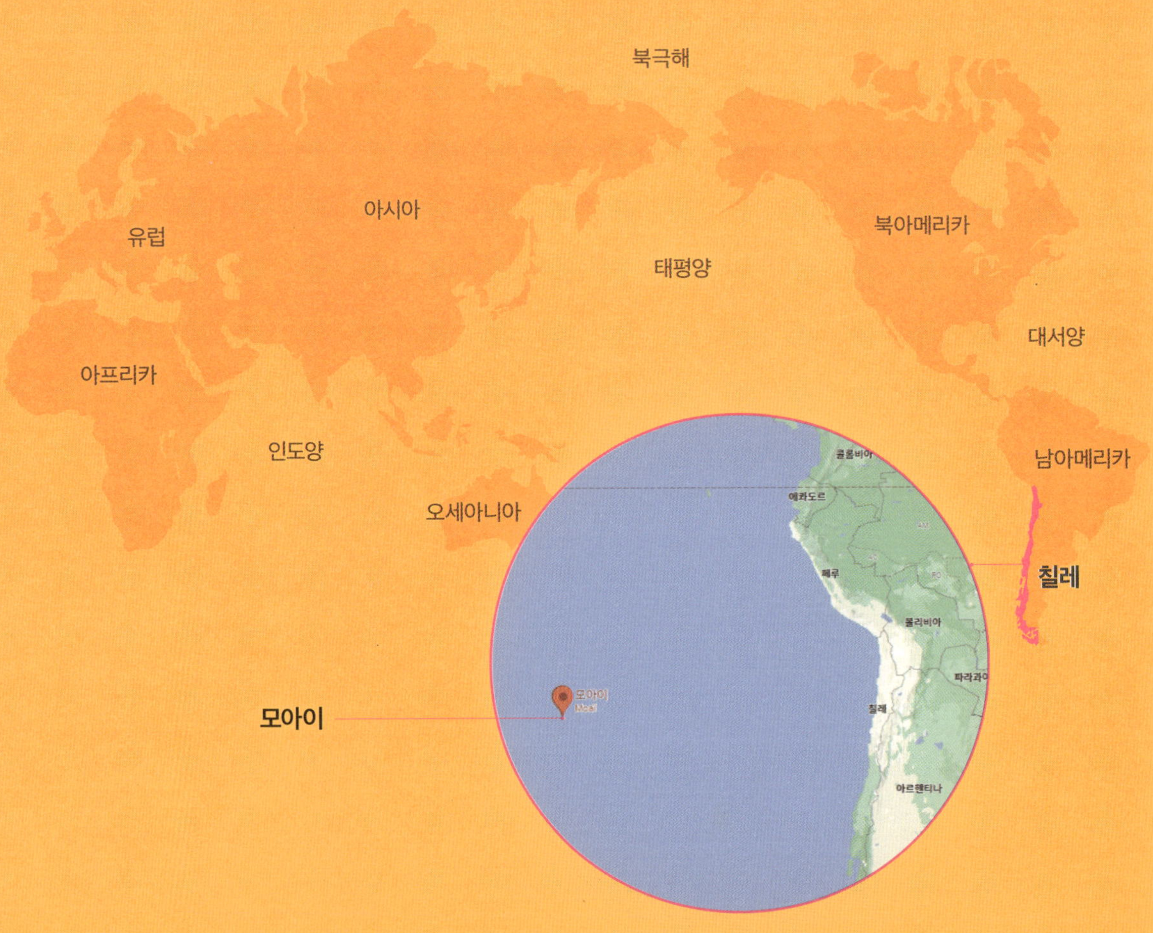

칠레

위치	남아메리카 서부
수도	산티아고
언어	에스파냐어
인구	약 1,900만 명
화폐	칠레 페소 (1페소 = 약 1.63원)
특징	국토가 가느다랗고 길어서 지역별로 다양한 기후가 나타나요. 북부에는 건조한 사막이 있고, 남부에는 추운 빙하 지역이 있어요.

Q 모아이가 무엇인가요?

칠레의 이스터 섬에는 900여 개의 거대한 석상이 있어요. 이 거대한 석상을 모아이라고 해요. 모아이는 원주민 언어인 라파누이어로 '조각상'이라는 뜻이에요.

Q 거대한 석상이라고요? 얼마나 큰데요?

모아이는 키와 무게가 다양해요. 키는 3미터에서 20미터이고 무게는 20톤에서 90톤까지 나간답니다. 가장 작은 모아이는 3.5미터인데 어른 두 명의 키를 합친 크기예요. 가장 큰 모아이는 21.6미터인데 아파트 7층 정도의 키예요. 무게는 180톤이나 되고요. 이 모아이는 엘 히칸테라는 이름을 가지고 있어요. 거인이라는 뜻인데, 모아이를 본 사람들이 붙여준 이름이에요. 엘 히칸테는 만드는 도중에 중단되어서 세워지지 못한 채로 남아 있어요.

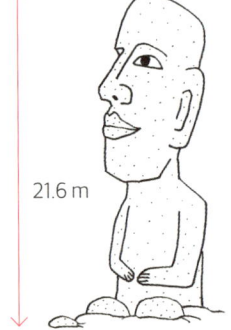

Q 어떻게 생겼어요?

모아이는 커다란 얼굴과 두툼한 몸통만 가지고 있어요. 석상의 절반이 얼굴인데, 큰 코와 길다란 귀가 눈에 띄어요. 귀가 유난히 길쭉한 이유는 귀가 길었던 장이족이라는 부족이 자신들과 비슷하게 만들었기 때문이래요. 붉은색 모자를 쓰고 있는 모아이도 있는데 원래는 모든 모아이가 돌로 만든 모자를 얹고 있었다고

모자와 눈이 남아있는 모아이
ⓒ http://bjornfree.com/galleries.html

커다란 코와 길다란 귀가 눈에 띄는 모아이의 모습

해요. 눈 부분에도 붉은 화산암과 하얀 산호가 박혀 있었고요. 눈과 모자는 세월이 흐르면서 파괴되거나 훼손되어서 대부분 사라졌어요.

 모아이를 왜 만들었을까요?

장이족이라는 부족이 자신들과 비슷하게 모아이를 만들었다고 했지요? 왕이나 조상을 기억하기 위해 모아이를 만들었을 것으로 추측해요. 이스터 섬의 모아이는 바다를 등지고 서서 후손들이 사는 터전을 지켜보고 있어요. 모아이가 지켜보는 장소에 사람들이 모여 제사와 같은 공동 행사를 치렀을 것으로 생각해요. 모아이가 지켜주기를 기원하면서요. 하지만 모아이를 왜 만들었는지, 어떻게 만들었는지는 지금도 정확하게 밝혀지지 않았어요.

Q <u>바다를 향해 서 있는 모아이는 없나요?</u>

이스터 섬의 모아이는 바다를 등진 채, 섬 안쪽을 바라보고 있지만 딱 7개의 모아이가 바다를 바라보고 있어요. 일곱 모아이는, 이스터 섬의 전설에 나오는 인물이에요. 옛날, '호투 마투아' 왕이 있었어요. 자신들이 사는 섬이 가라앉을 위기에 처하자, 일곱 명의 신하에게 새로운 땅을 찾으라고 명령했지요. 신하들은 이스터 섬을 새로운 고향으로 삼기로 했어요. 바다를 바라보며 서 있는 일곱 모아이는, 일곱 명의 신하를 의미해요. 일곱 모아이는 지금도 바다를 바라보며 섬으로 들어오는 배를 감시하고 있어요. 하지만 옛 고향을 그리워하며 먼 바다를 바라보고 있는 것처럼 보이기도 해요.

Q <u>모아이를 왜 외계인이 만들었다고 생각해요?</u>

그렇게 생각하는 세 가지 이유를 꼽아 볼게요.
==나무 때문이에요.== 네덜란드의 탐험가 로헤벤이 이스터 섬에 처음 도착했을 때, 섬은 나무 한 그루 없는 벌판이었어요. 거대한 석상을 옮기기 위해서는 나무가 필요했을 텐데, 어떻게 운반했는지 수수께끼가 풀리지 않았지요.
==언어 때문이에요.== 원주민이 사용하는 말에는 하늘을 날아다니는 '새'가 들어간 '새 사람'이라는 단어가 있어요. 외계인은 하늘에서 왔으니까 원주민이 그들을 '새 사람'이라고 불렀을 것이고, '새 사람'인 외계인이 자신의 별을 그리워하며 모아이를 만들었을 거로 생각하게 되었어요.
==붉은 돌 때문이에요.== 모아이의 모자를 만든 붉은 돌이 이스터 섬에는 없기 때문이에요. 게다가 10미터 높이에 있는 머리 위에 무거운 모자를 올리는 것은 원주민의 기술로는 불가능하다고 여겼

어요. 그래서 발달한 기술과 기계를 가진 외계인이 만들었을 거라고 생각하게 되었답니다.

정말 <u>외계인이</u> 만들었을까요?

오랫동안 모아이를 연구한 전문가들은, 외계인이 만들었다는 주장이 잘못되었다고 반박했어요.

<mark>나무가 없으니까?</mark> 화석과 토양을 분석해보니 이스터 섬은 원래 나무가 울창한 지역이었대요. **화전 농업**을 하기 위해 나무를 이용했고, 원주민들이 전쟁을 하면서 나무가 불타서 사라졌을 것이라는 의견이에요.

<mark>'새 사람'이 외계인이니까?</mark> 원주민이 사용하는 '새 사람'이라는 말은 외계인이 아니라 지배자를 가리키는 단어라고 해요. 원주민들은 높은 벼랑 위에 있는 제비갈매기의 알을 가장 먼저 가져오는 사람을 지배자로 정하는 풍습이 있었대요. '새 사람'은 하늘에서 온 사람이 아니라, 새(제비갈매기)의 알을 가져오는 사람이라는 의미이지요.

<mark>붉은 돌이 없으니까?</mark> 모아이의 머리에 얹힌 모자를 만든 붉은 돌은, 조사해보니 이스터 섬에 존재했었다고 해요.

이러한 이유로 모아이를 외계인이 만들었다는 주장은 잘못되었다고 여기게 되었어요.

> **화전 농업** 나무나 식물을 태운 다음, 그 재를 거름으로 사용하여 농사짓는 방법. 농업 초기에 많이 이루어진 농사 방법

모아이가 싫어요!

오랜 옛날, 이스터 섬에는 울창한 숲이 있었어요. 하지만 모아이를 옮기기 위해서는 많은 나무가 필요했어요. 나무 썰매를 만들어서 크고 무거운 모아이를 옮겨야 했거든요. 점점 나무가 줄어들었고 결국엔 **카누**를 만들 나무조차 남지 않았어요. 이스터 섬은 모래 해변이 드물어서, 카누보다 큰 배는 정박하기가 어렵거든요. 원주민들은 카누를 타고 나가서 물고기를 잡아 식량으로 삼았는데 그럴 수 없게 된 거지요. 사람들은 섬에 고립되었어요. 나무가 없어진 섬은 사막화되어서 농사도 지을 수 없게

되었어요. 화가 난 사람들은 사나워졌어요. 모아이의 모자와 눈을 마구 부수기 시작했어요. 모자는 **추장**을 상징하고, 눈은 신성함을 의미해요. 하지만 사람들에게 모아이는 굶주리게 만든 원망스러운 대상일 뿐이었지요. 사람들은 섬을 탈출하고 싶었어요. 배를 타고 갈 수 없으니 새처럼 날아가고 싶었지요. 그래서 새를 닮은 마케마케라는 신을 숭배하게 되었답니다.

카누 가죽이나 통나무 등으로 만든 좁고 긴 작은 배
추장 원시 사회에서 사람들을 통솔하고 대표하는 우두머리

내 이름은 라파누이예요

1722년 4월, 네덜란드 탐험가 야코브 로헤벤은 남태평양을 항해하고 있었어요. 어느 날, 로헤벤과 선원들은 미지의 땅을 발견했어요. 넓고 편평한 섬은 나무 한 그루 보이지 않는 **황량한** 벌판이었지요. 섬의 가장자리에는 거대한 석상들이 서 있었어요. 무척 신비로웠어요. 로헤벤이 이스터 섬에 도착했을 때는 섬이 황폐해지고 식량이 부족해서 원주민의 수가 줄어든 다음이었어요. 당시 원주민들은 동굴이나 갈대로 만든 오두막에서 생활하고 있었다고 해요. 로헤벤은 이 섬을 이스터 섬이라고 부르기로 했어요. 섬을 발견한 날이 4월 5일 부활절(이스터)이었거든요. 하지만 이 섬은 이름을 가지고 있었어요. 원주민들은 자신들이 사는 섬을 '라파누이'라고 불렀어요. '커다란 땅'이라는 뜻이에요. 세계유네스코위원회에도 '라파누이 국립공원'으로 등재되어 있어요. 섬의 원래 이름인 '라파누이'라는 이름도 기억하기로 해요.

황량한 황폐하여 거칠고 쓸쓸한

〈이스터 섬의 조각상이 보이는 풍경〉 윌리엄 호지스, 1775년
※ 윌리엄 호지스는 이스터 섬에 두 번째로 도착한 제임스 쿡 선장과 함께 항해하며 탐험 과정을 그림으로 그렸어요.

 모아이 영역

※ 모아이가 하는 말을 들어보고, 맞았는지 틀렸는지 표시해주세요.

나는 원주민어로 '조각상'이라는 뜻이에요
O X

우리집은 칠레 라파누이에요
O X

우리는 원래 모자를 쓰지 않았어요
O X

지금은 7개만 남아 있어요
O X

섬에 살던 주민들은 이 섬을 이스터라고 불렀어요
O X

모아이보다 밝혀진 것이 없어서
외계인과 마법사가 만들었다고 생각하는 유적이 있어요.
영국에 있는 이 랜드마크는 무엇일까요?

❶ 스톤헨지   ❷ 인어공주 동상

 외계인과 마법사가 만들었다고 생각하는 랜드마크는
❶ 스톤헨지랍니다.

03 스톤헨지

STONEHENGE

수수께끼 가득한 거대한 돌기둥 | 기원전 2800 ~ 기원전 1100년 | 영국 솔즈베리

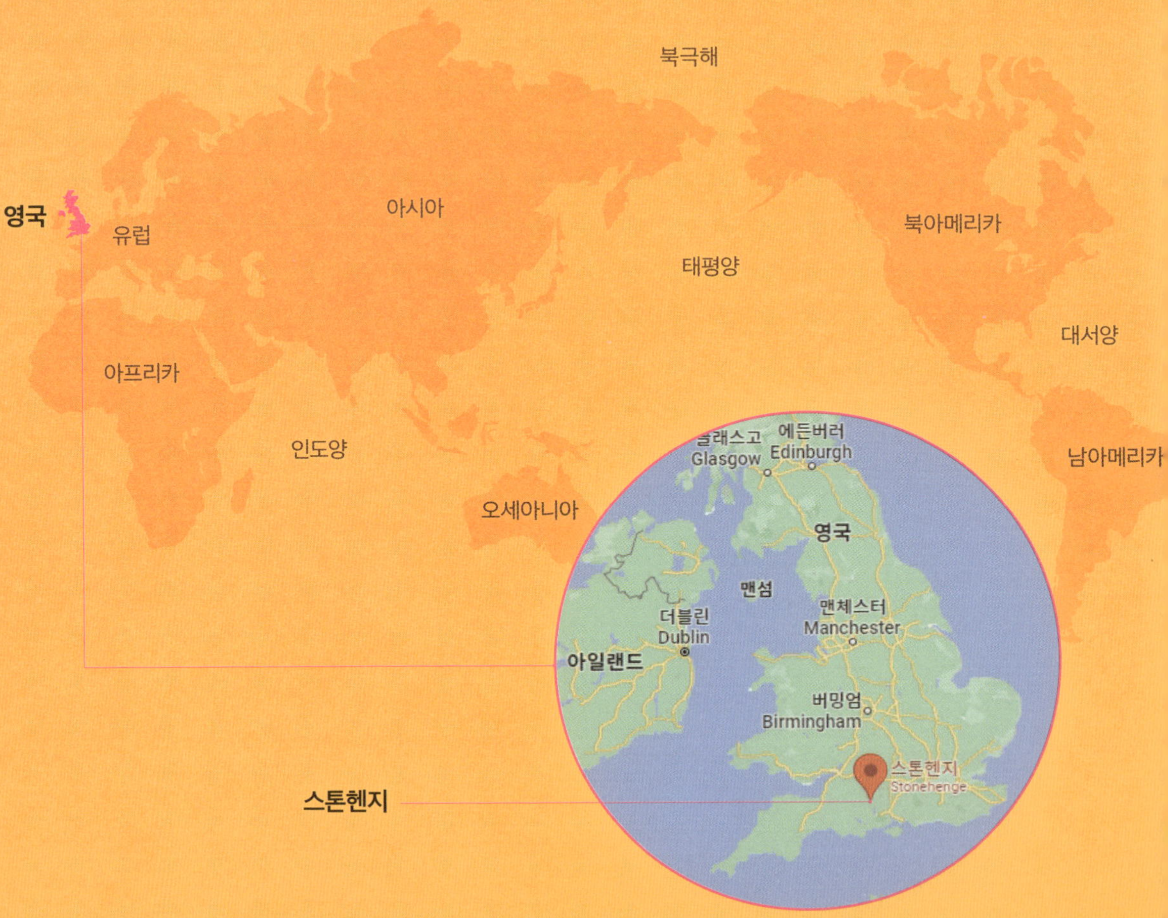

영국

위치	유럽 대륙 북서부
수도	런던
언어	영어
인구	약 6,800만 명
화폐	파운드 (1파운드 = 약 1,600원)
특징	유럽 대륙에서 떨어진 섬나라, 전 세계 영토의 4분의 1을 차지하는 대제국을 이룩해서 '해가 지지 않는 나라'로 불렸어요.

Q 스톤헨지는 무엇인가요?

거대한 돌기둥이 동그란 형태로 모여 있는 거석 유적이에요. 거대한 돌로 이루어진 거석 유적지는 세계 곳곳에 있는데 가장 유명한 곳이 스톤헨지예요. 우리나라의 고인돌도 거석 유적이지요.

Q 고인돌과 비슷하게 생겼어요?

스톤헨지에는 돌기둥 80여 개가 두 겹의 원 모양으로 서 있어요. 바깥 원은 돌기둥 30개가 세워져 있고, 돌기둥 위에 새로운 돌을 가로로 눕혀서 둥글게 연결한 모습이에요. 안쪽 원은 모양이 일정하지 않은 작은 돌 50여 개를 둥그렇게 배치했고요. 가장 안쪽 공간에는, 고인돌 모양의 삼석탑이 5기 있어요. 3개의 돌로 만든 탑이어서 삼석탑이라고 불러요. 삼석탑의 안쪽에는 편평한 돌이 놓여 있는데 이곳이 스톤헨지의 가장 중심에 해당해요. 스톤헨지는 둥글게 배열되어 있지만, 돌기둥 위에 돌을 올린 형태는 고인돌과 비슷해요.

기 무덤, 비석, 탑을 세는 단위

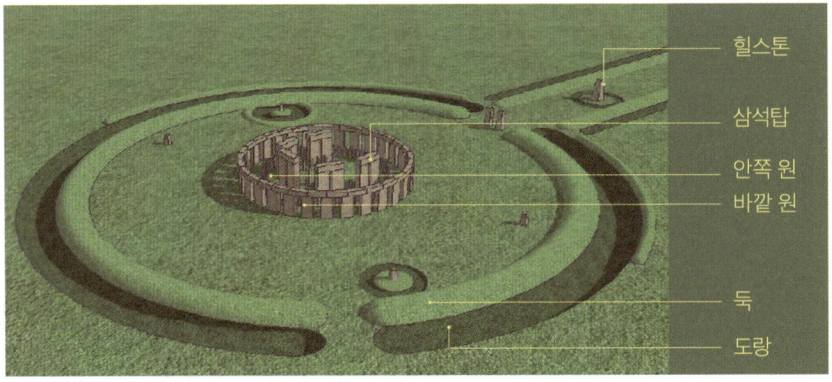

스톤헨지를 복원한 모습 ⓒ www.stone-circles.org.uk

Q 스톤헨지는 무슨 뜻이에요?

안쪽 원의 가운데에 삼석탑이 세워져 있다고 했지요? 삼석탑은 돌기둥 2개를 세우고 그 위에 가로로 돌을 올린 모양이에요. 삼석탑에서 스톤헨지라는 이름이 유래되었어요. 스톤헨지라는 이름은, 고대 영어로 '위에 올려놓은 돌'이라는 뜻이에요.

Q 언제 만들어진 것인가요?

스톤헨지는 신석기 시대부터 청동기 시대까지 오랜 시간 동안 만들어진 것으로 판단하고 있어요. 스톤헨지를 둘러싸고 있는 **도랑**과 둑이 제일 먼저 만들어졌고, 800년이 지난 후에 바깥 원이 만들어졌다고 조사되었어요. 안쪽 원은 그로부터 500년 후에 만들어진 것으로 연구되었고요.

도랑 폭이 좁은 작은 개울

Q 스톤헨지는 무덤이었어요?

무덤이라고 생각하기도 했어요. 스톤헨지 주변의 구덩이에서 사람의 뼈가 발굴되었기 때문이에요. 그런데 전문가가 그 뼈를 조사해보니, 스톤헨지가 세워지기 500여 년 전 사람의 뼈였어요. 그래서 무덤은 아니었다는 결론을 내렸지요. 스톤헨지가 무덤은 아니지만 죽은 사람을 위한 공간이었을 가능성이 크다고 생각하고 있어요. 스톤헨지 인근에 나무로 이루어진 우드헨지라는 유적이 있는데 우드헨지는 산 사람을 위한 공간이고, 스톤헨지는 죽은 사람을 위한 종교적 공간이었을 것이라는 주장도 주목받고 있어요.

Q 그러면 스톤헨지는 무엇을 하는 곳이었을까요?

스톤헨지가 어떤 공간인지, 무엇을 하는 장소였는지 지금까지도 정확히 알 수는 없어요. 하지만 최근에 스톤헨지를 구성하는 돌의 배치와 달의 움직임이 밀접하게 관련이 있다는 것을 확인했어요. 스톤헨지의 바깥쪽에는 힐스톤이라는 돌이 있는데 힐스톤이 가리키는 방향에서 **하지**에 해가 뜨고, **동지**에 해가 져요. 그래서 하늘을 관측하는 천문대로 사용되었을 것으로 추측하고 있어요.

하지 낮이 가장 길고 밤이 가장 짧은 날. 양력 6월 21일경
동지 밤이 가장 긴 날. 양력 12월 22~23일경

Q 스톤헨지에서 열리는 축제가 있어요?

힐스톤이 가리키는 방향에서 하짓날 태양이 뜬다고 했지요? 그래서 영국에서는 스톤헨지 하지 축제가 열려요. 하짓날 아침, 사람들은 스톤헨지로 모여들어요. 떠오르는 태양을 맞이하기 위해서예요. 태양과 힐스톤이 정확한 일직선이 되는 신성한 장면은 잊지 못할 장관이거든요. 사람들은 솟아오르는 태양을 보며 마음속으로 소원을 빌기도 해요.

장관 훌륭하고 멋진 광경

Q 왜 외계인이나 마법사가 만들었다고 생각하죠?

스톤헨지의 바깥 원에 세워진 돌 중에는 무게가 40톤인 돌도 있어요. 안쪽 원에 세워진 돌은, 스톤헨지 주변에서는 발견하기 어려운 암석이고요. 수십 킬로미터 떨어진 지역에서 나는 블루스톤이라는 희귀한 암석이라고 해요. 도구나 장비가 없는 선사시대에 먼 곳에서 돌을 실어온 데다, 40톤의 돌을 깎고 세웠다는 것을 사람들은 믿기 어려웠어요. 그래서 거인이 도와주었다, 마법사가 마법을 걸었다, 외계인이 만들었다는 상상을 하게 되었답니다.

영화 〈트랜스포머: 최후의 기사〉 포스터

트랜스포머가 스톤헨지를 부숴요!

영화 〈트랜스포머: 최후의 기사〉에 스톤헨지가 등장해요. 영화는 지구를 멸망시키려는 외계인을 트랜스포머가 물리치고 지구를 지켜내는 이야기예요. 영화에는 수수께끼가 등장해요. "지구에는 7개의 거대한 뿔이 교차하는 지점이 있다. 그곳에 외계인이 나타난다." 그곳은 어디일까요?

수수께끼의 정답은 바로 스톤헨지예요. 7개의 거대한 뿔은 돌기둥일까요 삼석탑일까요? 트랜스포머와 스톤헨지, 둘 중 누가 더 클까요? 영화 속에 등장하는 스톤헨지는 실제 모습과 얼마나 비슷할까요? 영화를 보면서 확인해보는 것도 재미있겠지요?

⟨스톤헨지⟩ 존 컨스터블, 1835년

200년 전 스톤헨지는 어떤 모습이었을까요?

존 컨스터블은 영국인이 좋아하는 풍경 화가예요. 아름다운 수채화를 그리는 화가로 유명한데, 평생 자신의 고향 마을을 떠나지 않은 화가로도 유명하지요. 그런 화가가 종종 방문했던 곳이 고향 마을에서 가까운 솔즈베리였어요. 솔즈베리에는 스톤헨지가 있다는 것을 알지요? 존 컨스터블이 스톤헨지를 그린 날, 푸른 하늘에 쌍무지개가 떴어요. 드문드문 떠 있는 구름 사이로 시원스럽게 뻗은 2개의 하얗고 투명한 곡선이 바로 쌍무지개예요. 그림 속 스톤헨지는 200년 전의 모습이에요. 지금보다 더 오래된 유적처럼 보이지요? 돌기둥이 쓰러진 채로 마구 흐트러져 있네요. 지금의 스톤헨지는 유적을 관리하기 위해 보수하고 정돈한 모습이랍니다.

 | # 스톤헨지 영역

※ 네모 안의 글을 읽고, 붉은색 낱말을 단어 상자에서 찾아 올가미로 묶으세요.

> 스톤헨지는 거대한 돌기둥이 둥그렇게 연결된 형태로 모여 있는 거석 유적이에요. 우리나라의 고인돌도 거석 유적이지요. 신석기 시대부터 청동기 시대까지 오랜 시간 동안 만들어진 것으로 판단해요. 스톤헨지의 힐스톤이라는 돌이 가리키는 방향에서 하지에 해가 뜨고, 동지에 해가 진다고 해요. 그래서 하늘을 관측하는 천문대로 사용되었을 거로 추측하고 있어요.

가	바	람	개	비	잉	세	계	유	적	지
신	스	톤	헨	지	크	파	르	테	논	우
성	툰	재	미	있	수	신	대	문	천	개
청	헨	드	랜	는	프	스	테	쐐	외	강
천	동	마	크	세	돌	전	이	기	계	아
문	최	기	여	계	기	조	고	인	동	지
소	돌	예	요	랑	둥	중	외	영	물	비
오	인	톤	스	힐	토	마	기	계	국	비
이	고	요	리	나	유	조	랑	석	인	씨
발	말	리	조	우	멩	돌	멩	이	신	방

스톤헨지는 외계인과 마법사가 만들었다고 생각할 만큼
밝혀지지 않은 것이 많아요.
이와 반대로 처음부터 국민의 관심을 받으며
성금으로 지어지고 있는 랜드마크가 있답니다.
스페인의 랜드마크인 이곳은 어디일까요?

❶ 에펠탑   ❷ 사그라다 파밀리아 대성당

꼬꼬무 랜드마크 퀴즈 **A** 국민의 성금과 정성으로 지어지고 있는 랜드마크는
❷ 사그라다 파밀리아 대성당이에요.

04
LA SAGRADA FAMILIA
사그라다 파밀리아 대성당

| 인간의 정성으로 지어지는 하느님 공간 | 1882년 ~ 현재 | 스페인 바르셀로나 |

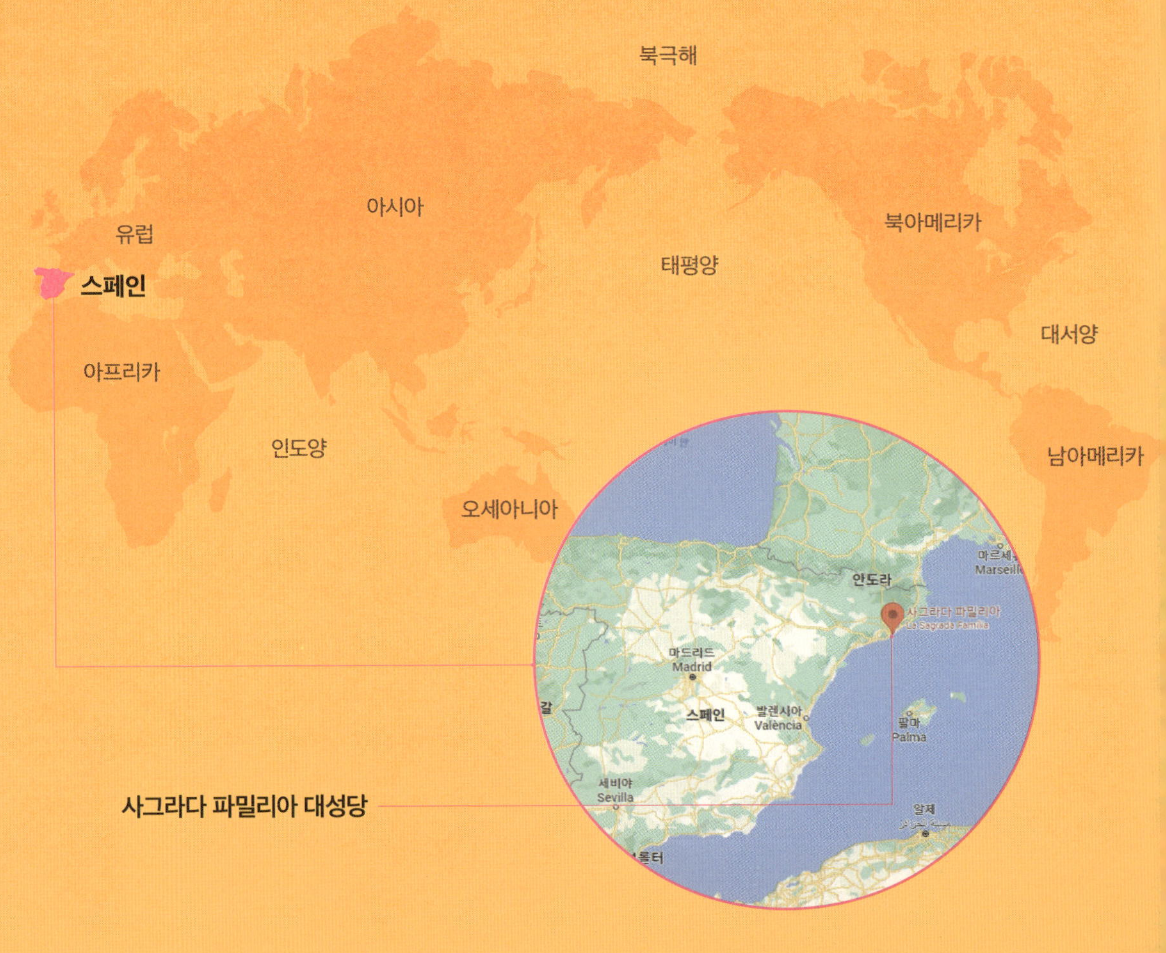

사그라다 파밀리아 대성당

스페인

위치	유럽 남서쪽
수도	마드리드
언어	에스파냐어
인구	약 4,750만 명
화폐	유로 (1유로 = 약 1,400원)
특징	유럽, 아프리카, 이슬람의 문화가 고루 섞여 다양하고 독특한 문화를 가지고 있어요. 열정적이고 자유로운 문화예술이 발달했어요.

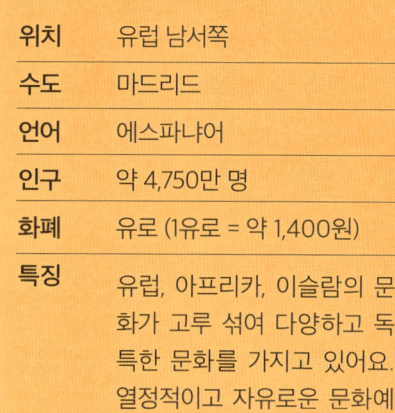

Q **사그라다 파밀리아 대성당은
아직 완성되지 않았나요?**

사그라다 파밀리아 대성당은 지금도 짓고 있는 건축물이에요. 1882년에 짓기 시작해서 지금까지 140년 동안 지어지고 있어요. 그래서 처음 지어진 건축물과 나중에 지어진 건축물의 색이 달라요. 진하고 어두운 색일수록 일찍 지어진 건물이랍니다.

Q **성당은 언제 완성되나요?**

성당을 설계한 사람은 스페인의 천재 건축가 안토니오 가우디예요. 가우디 사망 100주기인 2026년에 완공을 계획했지만, **팬데믹**으로 인해 불가능해졌어요. 2030년 이후에 완공할 수 있을 거라고 예측하고 있어요.

> **팬데믹** 전염병이 전 세계에 유행하는 현상

Q **왜 100년이 넘게 걸려요?**

가우디는 평소 '곡선은 하느님이 만든 선이다'라고 생각했어요. 그래서 성당을 설계할 때에도 곡선을 주로 활용했어요. 건물을 짓는 사람들에게는 쉽지 않은 일이었지요. 사그라다 파밀리아 대성당은 정부나 교회로부터 지원을 받지 않고 개인의 기부로 짓기 시작했어요. 지금도 관람객들이 내는 입장료와 신자들의 헌금 등으로 건축비용을 충당하고 있어요. 넉넉하지 않은 예산으로 복잡하고 어려운 건물을 지으려니 시간이 오래 걸릴 수밖에 없었어요. 게다가 가우디는 성당의 1/4이 지어졌을 때 사망했어요. 가우디가 죽고 난 이후, 그의 설계도를 해석해서 건물을 짓는 것은 더

욱더 어려웠지요. 건물을 짓는 데 100년이 넘게 걸리다니, 대단히 긴 시간이지요? 하지만 안토니오 가우디는 성당의 건설 기간을 200년으로 잡았다고 해요. 이탈리아 피렌체의 산타마리아 델 피오레 대성당은 170년이 걸렸고 밀라노 대성당은 600년이 지나서야 지어졌기 때문에, 200년은 긴 시간이 아니라고 여겼던 거지요. 현대의 건축 기술로는 훨씬 빠르게 지을 수 있어요. 하지만 스페인 정부는 예전의 건축 방식을 그대로 이어받아 지을 계획이라고 해요. 가우디의 계획대로 200년이 걸릴 수도 있겠지요?

Q 사그라다 파밀리아 대성당은 무슨 뜻인가요?

사그라다는 스페인어로 '성전, 신성한 공간', 파밀리아는 '가족'이라는 의미예요. 사그라다 파밀리아 대성당은 성 가족 대성당이라는 뜻이지요. 완공되면, 세계에서 가장 높은 성당이 된다고 해요. 172.5미터 높이의 첨탑이 성당의 가운데에 세워지거든요. 172.5미터에도 비밀이 있어요. 바르셀로나에서 가장 높은 곳은 몬주익 언덕인데 그곳이 173미터예요. 가우디는 하느님이 만든 창조물을 인간이 넘어설 수는 없다고 생각했기 때문에 그보다 낮게 성당의 첨탑을 설계했다고 해요.

Q 건축가 가우디는 어떤 사람인가요?

사그라다 파밀리아 대성당을 설계하고 건축한 가우디는 스페인의 천재 건축가예요. 주로 자연에서 **모티브**를 얻어서 작업했어요. 부드럽게 흐르는 강물의 곡선과 곧게 뻗은 나무의 직선, 다양

모티브 그림이나 건축, 문학 등을 시작하게 하는 동기가 되는 것

한 색으로 부서지는 햇살과 자연에서 만나는 사물을 모두 건축물에 반영했어요. 화려하고 특별한 가우디의 건축물은 많은 사랑을 받고 있어요. 그중 사그라다 파밀리아 대성당은 가우디 최고의 **걸작**이라는 찬사를 받고 있지요. 31세에 건축을 시작해서 전차에 치여 사망할 때까지 40년 동안 성당의 건설을 책임졌어요.

> **걸작** 최고의 작품

 ### 탑이 옥수수처럼 보여요. 대성당은 어떤 특징이 있어요?

우뚝 솟은 성당의 탑이 옥수수처럼 생겼지요? 탑이 옥수수처럼 보이는 이유는, 구멍이 뚫려 있기 때문이에요. 첨탑이 완공되면, 내부에 종을 설치할 계획인데 종소리가 구멍을 통해 퍼져 나가도록 하기 위해서예요. 은은한 성당의 종소리가 바르셀로나 시내에 성스럽게 울려 퍼지길 기대하며 만들었거든요. 성당의 내부는 숲 같아요. 길쭉한 기둥은 나무처럼 생겼고 성당의 천장은 별을 닮은 도형이 가득해요. 나무, 별, 식물 등 자연에서 모티브를 얻는

숲 속에 들어온 것 같은 성당 내부의 모습

가우디 건축 스타일의 특징이 모두 담겨 있답니다. 가우디는 외부 공간도 조각상들로 정성껏 장식했어요. 성당에는 3개의 파사드가 있는데 그중 가우디가 완성한 탄생의 파사드는 세계문화유산에 등재되었답니다.

 파사드가 무엇인가요?

건물의 출입구가 있는 정면을 파사드라고 불러요. 성당에는 3개의 파사드가 있어요. 탄생의 파사드, 수난의 파사드, 영광의 파사드예요. 파사드에는 조각으로 만들어진 그리스도의 이야기가 있어요. 가우디가 완성한 탄생의 파사드에는 여러 명의 인물이 등장해요. 가우디는 인물 조각상을 만들기 위해 실제로 사람을 기름칠한 다음 석고 본을 뜨고 그 본을 보면서 돌로 조각했다고 해요. 인물 중에는 아기 예수도 등장하는데 아기 조각을 만들기 위해서 죽은 아기로 본을 떴다고 해요. 가우디가 성당을 위해 들인 정성과 노력이 얼마나 대단한지 알 수 있겠지요?

가우디가 정성 들여 완성한 탄생의 파사드

내가 안토니오 가우디라오!

가우디가 성당에서 **미사**를 마치고 집으로 가는 길이었어요. 생각에 깊이 빠져 걷던 가우디는 **노면 전차**와 부딪히고 말았어요. 운전사가 깜짝 놀라서 전차 밖으로 달려나왔어요. 그런데 쓰러져 있는 가우디를 보고는 그냥 돌아가버리지 뭐예요? 운전사는 가우디를 거지나 **노숙인**으로 생각했어요. 그도 그럴 것이, 74세의 가우디는 등이 굽은 데다 하얗게 수염을 기르고 있었고 **해진** 바지에 낡은 신발을 신고 있었거든요. 게다가 신분증도 가지고 있지 않았어요. 길가에 쓰러진 가우디는 한참 후 병원으로 옮겨졌어요. 그 병원은 가난한 사람들을 치료해주는 **빈민** 병원이었지요. 병원 관계자들은 가우디를 알아보고 화들짝 놀랐어요. 가우디는 이미 스페인에서 존경받는 건축가였거든요. 병원을 옮기려고 하자 가우디가 거부했어요.
"옷차림만 보고 판단하는 사람들에게, 가우디가 가난한 사람들과 함께 있다는 것을 보여주고 싶소."
사고가 난 지 3일만에 가우디는 세상을 떠났어요. 조용히 묻어달라고 유언했지만 슬픔에 잠긴 시민들은 가우디의 마지막 길을 함께하며 배웅했어요. 가우디는 사그라다 파밀리아 대성당의 지하 묘지에 묻혀 있답니다.

미사 성당에서 열리는 종교 의식
노면전차 도로 위에 설치된 레일을 따라 움직이는 전차
노숙인 거주지가 없어 길이나 공원 등지에서 잠을 자거나 머무는 사람
해진 옷이나 신발 등이 닳아서 떨어진
빈민 가난한 사람을 부르는 말

인간의 정성으로 지어지는 하느님 공간 **사그라다 파밀리아 대성당**

〈아들을 잡아먹는 사투르누스〉
프란시스코 고야, 1820~1824년

청력을 잃은 화가의 무시무시한 그림

안토니오 가우디는 스페인의 대표 건축가이지요. 프란시스코 고야는 스페인을 대표하는 화가 중 한 명이에요. 고야는 스페인의 **궁정화가**였어요. 왕족과 귀족, 상류층 사람들의 초상화가로 활약하며 부와 명성을 얻었지요. 하지만 지나치게 많은 일을 하다가 병에 걸리고 말았어요. 겨우 병에서 회복했지만 고야는 청력을 잃었어요. 나이가 들면서 쇠약해진 고야는 마드리드 외곽에 집을 구해 **은둔**하며 지냈어요. '귀머거리의 집'이라는 별칭이 붙은 그 집에서 고야는 이 그림을 그렸어요. 괴기스럽고 잔혹한 그림 속 주인공은 사투르누스예요. 사투르누스는 시간과 농경의 신이에요. 그는 지금 자기 아들을 잡아먹고 있어요. "네 자식의 손에 죽을 것이다"라는 계시를 받았기 때문이에요. 그래서 자식이 태어나면 모두 잡아먹었는데 막내인 제우스의 지혜로 형제들은 다시 살아나게 되지요. 이 그림을 그릴 당시 고야의 상태는, 자식을 잡아먹는 사투르누스의 마음과 비슷했을 것이라고 분석하고 있어요. 고야는 공포와 불안이 가득했지요. 스페인의 정치 상황과 자신의 건강이 몹시 나빴기 때문이에요. 〈아들을 잡아먹는 사투르누스〉는 가장 무시무시한 그림으로 손꼽히는 작품이랍니다.

궁정화가 왕궁에 소속되어 왕족을 위해 그림을 그리는 사람
은둔 세상일을 피해 숨음

 | # 사그라다 파밀리아 대성당 영역

※ 다음 각 물음을 잘 읽고 알맞은 답을 골라보세요.

1. 빈칸에 알맞은 말을 골라 번호를 쓰세요. (   )

   > 사그라다 파밀리아는 스페인의 □□□□에 있어요.

   ① 룩셈부르크   ② 크로아티아   ③ 오르비에토   ④ 바르셀로나

2. 가우디가 사그라다 파밀리아 대성당에 표현한 자연이 아닌 것은 무엇인가요? (   )

   ①   ②   ③   ④

3. 연관이 있는 단어끼리 줄을 그어 연결해주세요.

   안토니오 가우디 •   • 건물의 정면
   파사드 •   • 가족
   스페인 •   • 건축가
   파밀리아 •   • 바르셀로나

4. 네모 안의 글에서 잘못된 부분을 빨간색으로 표시했어요. 잘못된 부분을 올바르게 고쳐주세요.

   > 가우디는 도시에서 모티브를 얻어 사용하는 음악가였죠. 사그라다 파밀리아 대성당은 자연과 신앙심이 조화를 이룬 아름다운 건축물로 알려져 있어요. 가우디의 건축물 중 최고의 극장이라는 찬사를 받고 있지요.

   도시 ➡ _____   음악가 ➡ _____   극장 ➡ _____

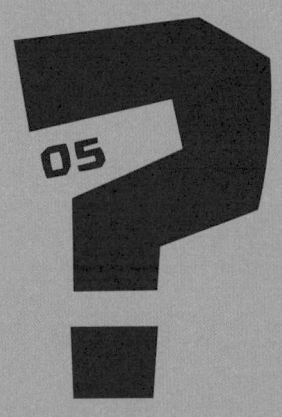

멋지고 웅장해서 사랑받는
사그라다 파밀리아 대성당과 반대로,
작고 아담해서 사랑받는 랜드마크도 있어요.
무엇일까요?

❶ 모아이　　❷ 오줌싸개 동상

 **A** 작고 아담해서 사랑받는 랜드마크는
❷ 오줌싸개 동상이랍니다!

05 오줌싸개 동상

MANNEKEN PIS

작고 소중한 도시 지킴이 | 1619년 | 벨기에 브뤼셀

벨기에

위치	유럽 서부
수도	브뤼셀
언어	네덜란드어, 프랑스어, 독일어
인구	약 1,160만 명
화폐	유로 (1유로 = 약 1,400원)
특징	유럽 전역으로 연결되는 교통망이 발달했으며 유럽 연합(EU)의 본부가 있는 유럽의 중심지예요.

Q 동상이 얼마나 작은가요?

동상의 실제 크기는 55.5센티미터예요. 동상이라고 하기엔 아주 작지요. 그래서 동상을 직접 본 사람들은 실망하기도 해요. 하지만 브뤼셀 시민들의 사랑을 독차지하고 있어요. 방문자들도 유쾌한 표정으로 작은 동상과 함께 사진을 찍고 돌아간답니다.

Q 이름이 왜 오줌싸개 동상이에요?

사진을 보면 짐작할 수 있겠지요? 소년이 오줌을 싸는 모습이기 때문에 '오줌싸개'라고 이름을 붙였어요.

Q 오줌싸개 동상을 왜 만들었어요?

여러 가지 이야기가 전해지고 있어요. 그중 벨기에와 **에스파냐**의 전투 이야기가 가장 유명해요. 17세기 초 브뤼셀에서 에스파냐 군과 벨기에 군 간에 치열한 전투가 벌어졌어요. 광장이 불길에 휩싸여 타올랐어요. 그때 어디선가 한 소년이 달려나와 불길을 향해 오줌을 누었어요. 그 모습을 본 양쪽 군대는 잠시 총 쏘는 것을 멈추었어요. 소년을 기다려주기로 한 거지요. 아무리 전쟁 중이라고 해도 오줌을 누고 있는 소년에게까지 총을 쏠 수는 없었으니까요. 전쟁이 끝난 후에도 사람들은 그 모습을 잊지 못하고 동상을 세웠어요.

> **에스파냐** 스페인
> **도화선** 화약이 터지도록 불을 붙이는 심지

Q 동상에 관한 다른 이야기도 있나요?

다른 이야기도 있어요. 브뤼셀을 공격하던 적군이 성벽을 폭파하려고 폭발물을 설치했어요. 줄리앙스크라는 소년이 우연히 그 모습을 보았어요. 적군이 폭발물의 **도화선**에 불을 붙이자, 소년은 얼른 오줌을 누어 불을 꺼트렸어요. 소년이 도시를 구한 셈이지요. 그래서 오줌싸개 동상을 '작은 줄리앙'이라는 별명으로 부르기도 해요. 브뤼셀에서 가장 아름다운 광장인 그랑플라스와 귀여운 오줌싸개 동상이 벨기에를 대표하는 이유를 알 것 같지요?

Q 동상이 도난 당한 적이 있다고요?

작은 크기 때문인지 오줌싸개 동상은 여러 차례 도난을 당했어요. 많은 사람이 기억하는 사건은, 1817년에 발생했어요. 앙투안 리카라는 남자가 동상을 훔쳤는데 이 과정에서 조각상이 11개의 조각으로 부서져버렸지요. 부서진 조각상은 전문 용접공이 원래대로 복원하였고, 훔쳐 간 범인은 죽을 때까지 강제로 일을 해야 하는 엄한 처벌을 받았어요. 그 후에도 여러 차례 도난 당했던 동상은 브뤼셀 시립 박물관으로 옮겨졌어요. 현재 광장에 서 있는 조각상은 복제품이랍니다.

Q 오줌싸개 동상이 옷을 입기도 해요?

맞아요. 이 소년 동상은 옷을 입기도 해요. 동상의 도난 사건과도 관계가 있어요. 동상을 맨 처음 훔쳐 간 이들은, 브뤼셀에 **주둔**해 있던 프랑스 부대였어요. 이 사실을 안 브뤼셀 시민들은 몹시 화가 났지요. 복수하겠다고 다짐을 했어요. 당시 프랑스 왕이었던 루이 15세는 자신의 군인들이 훔쳐 간 것을 사과하며 금으로 수놓은 신사용 가운을 입혀서 돌려보냈어요. 브뤼셀 시민들은 겨우 화를 누그러뜨렸지요. 그 후로, 다른 나라에서 **국빈**이 방문할 때 동상의 의상을 종종 선물했어요. 미키마우스 옷을 입은 적도 있고 한복을 입은 적도 있어요. 현재 동상의 옷은 900벌이 넘어요. 이 옷들은 옷 박물관에 따로 모아서 전시하고 있답니다.

주둔 군대가 임무 수행을 위해 어떤 지역에 머무르는 것
국빈 나라에서 정식으로 초대한 외국 손님. 주로 외국의 국가 원수 (왕, 대통령, 총리 등)

오줌싸개 줄리앙 만큼 인기 있는 '땡땡'

《땡땡의 모험》은 벨기에의 만화 작가인 에르제가 **연재**한 인기 만화예요. 기자인 땡땡과 그의 개 밀루가 전 세계를 모험하는 내용이지요. 1929년에 처음 출판했는데, 70개 언어로 번역되었고 지금까지 3억 명이 넘는 독자들이 읽었어요. 땡땡과 밀루는 전 세계의 많은 독자에게 사랑받고 있는 캐릭터예요. 2011년에는 〈**틴틴**, 유니콘호의 비밀〉이라는 제목의 영화도 제작되었어요.

오줌싸개 동상의 나라인 벨기에는 만화 산업이 발달했어요. 특별한 이유가 있을까요? 벨기에는 작은 나라인데도 공용어로 독일어, 프랑스어, 네덜란드어를 사용하고 있어요. 여러 국가의 침략과 지배를 당했기 때문이에요. 그때마다 언어가 통하지 않아 힘들고 불편했어요. 그래서 누구나 이해할 수 있는 '그림'으로 소통하는 방법을 생각하게 되었어요. 그 결과 만화가 발달했지요. 우리가 잘 알고 있는 스머프의 고향도 벨기에랍니다.

연재 긴 글이나 만화를 여러 차례로 나누어 차례로 실음
틴틴 '땡땡'의 영어식 발음

영화 〈틴틴, 유니콘호의 비밀〉

도서 《땡땡의 모험, 유니콘호의 비밀》

〈십자가에서 내려지는 그리스도〉
피터 파울 루벤스, 1612~1614년

〈십자가에서 내려지는 그리스도〉를 보고 있는
넬로와 파트라슈, 애니메이션 〈플랜더스의 개〉

돈만 있다면 그림을 볼 수 있을 텐데

줄리앙, 땡땡과 함께 벨기에서 유명한 소년이 한 명 더 있어요. 바로 애니메이션 <플랜더스의 개>의 주인공인 넬로예요. <플랜더스의 개>는 벨기에 플랜더스 지방의 작은 마을에 사는 소년 넬로와 늙은 개 파트라슈의 이야기예요.

매일 아침 파트라슈와 함께 우유를 배달하며 생활하는 가난한 소년 넬로에게는 꿈이 있었어요. 루벤스처럼 위대한 화가가 되는 것이었지요. 루벤스는 벨기에서 존경받는 유명한 화가였어요. 하지만 넬로는 그림을 배우기는커녕 돈이 없어서 루벤스의 그림조차도 볼 수 없었어요. 루벤스의 그림은 두꺼운 커튼으로 가려져 있었기 때문에 돈을 내야 볼 수 있었거든요. 넬로는 그토록 보고 싶어 했던 루벤스의 그림 아래에서 파트라슈와 함께 죽음을 맞이해요.
넬로가 마지막까지 보고 싶어 했던 그림이 궁금하지 않나요? 그 그림은 안트베르펜 성모마리아 대성당에 걸려 있는 <십자가에서 내려지는 그리스도>예요. 시원스러운 대각선 구도가 눈을 사로잡아요. 어두운 배경에서도 인물의 표정과 감정이 생생하게 전해져서 유럽 최고의 종교화라는 평을 받는 작품이에요. 《플랜더스의 개》를 쓴 작가도 이 그림을 보고 감동을 받아 동화를 썼다고 해요.

※ 우리나라에는 '네로'라는 이름으로 번역되어 소개되었는데, 영어식 발음은 넬로랍니다.

 | # 오줌싸개 동상 영역

※ 오줌싸개 동상에 대한 내용이에요. 동그라미에 들어갈 말을 낱글자 상자에서 찾아 쓰세요.

1. 유럽의 ○○○ 에 있어요.

2. 오줌을 싸고 있는 ○○ 의 모습이에요.

3. 아름다운 광장인 ○○○○○ 와 오줌싸개 동상은 브뤼셀의 자랑이에요.

4. 인기 애니메이션 주인공인 ○○○○○ 의 옷을 입기도 했어요.

5. 우리나라 전통의상인 ○○ 도 입었고요.

6. 오줌싸개 동상이 입은 옷들은 ○○○ 에 따로 모아서 전시하고 있답니다.

소	벨	가	그	코	미	라	에	수	박
한	마	년	랑	스	풀	우	물	복	관
스	북	롱	믈	기	녀	밸	란	플	키

오줌싸개 동상은 벨기에를 대표하는 작고 귀여운 소년이에요.
프랑스를 대표하는 크고 멋진 문은 무엇일까요?

① 개선문   ② 앙코르와트

꼬꼬무 랜드마크 퀴즈 A 프랑스를 대표하는 크고 멋진 문은 ① 개선문이랍니다!

06
TRIUMPHAL ARCH
개선문

이긴 자만 통과할 수 있는 승리의 관문 | 1806 ~ 1836년 | 프랑스 파리

프랑스

위치	유럽 서쪽
수도	파리
언어	프랑스어
인구	약 6,500만 명
화폐	유로 (1유로 = 약 1,400원)
특징	서유럽에서 가장 넓은 국토를 가지고 있어요. 새로움과 자유로움을 소중하게 여기는 예술의 나라예요.

Q 개선문은 문이에요?

전쟁에서 이기고 돌아오는 군사를 환영하고 승리를 기념하기 위해 문 모양으로 지은 건축물을 개선문이라고 불러요.

Q 다른 나라에도 개선문이 있나요?

세계 곳곳에 개선문이 있어요. 지금 존재하고 있는 개선문 중에서 가장 오래된 개선문은 서기 81년에 지어진 로마의 티투스 개선문이에요. 티투스 황제가 **예루살렘**을 **함락**한 것을 기념하기 위해 지어진 개선문이지요. 티투스 개선문을 본 떠 지은 것이 파리의 개선문이에요. 에투알 개선문이라고 불러요. 북한의 수도 평양에도 개선문이 있는데 파리 에투알 개선문을 본 따 만들었고요. 우리나라의 독립문도 에투알 개선문을 참고해서 지었답니다.

예루살렘 현재 이스라엘의 수도
함락 적의 성이나 요새를 공격하여 무너뜨림

서울특별시 서대문구에 있는 독립문

파리에 개선문 3형제가 있다고요?

파리에 있는 세 개의 개선문을 개선문 3형제라고 불러요. 개선문 3형제는 일직선으로 놓여 있어요. 일직선에서 맨 앞에 서 있는 카루젤 개선문이 가장 오래되었어요. 루브르박물관 옆에 서 있는데 나폴레옹이 전투의 승리를 **자축**하며 1808년에 세웠지요. 일직선의 가운데에 에투알 개선문이 서 있어요. 프랑스에서 가장 유명한 개선문의 이름이 에투알 개선문이에요. 일직선의 끝에 서 있는 개선문은 신개선문이에요. 개선문 모양이지만 실제로는 수많은 사무실과 전시장 등이 있는 35층짜리 사무용 빌딩이에요. 1989년에 프랑스 혁명 200주년을 기념해서 세웠어요. 프랑스 혁명 100주년을 기념해서 지은 건축물이 에펠탑이라는 것을 기억하지요?

자축 자기에게 생긴 좋은 일을 스스로 축하함

 나폴레옹이 누구예요?

나폴레옹은 프랑스 군인이자 황제예요. 프랑스 혁명이 벌어진 시기에 전쟁에서 큰 공을 세우고 국민들이 좋아하는 영웅이 되었다가 35세에 황제의 자리에 올랐어요. 나폴레옹은 유럽의 강대국들을 상대로 한 전쟁에서 많은 승리를 거두며 프랑스의 힘을 키웠어요. 나폴레옹 법전을 편찬하여 근대 법전의 기초를 만들었으며 군사 전략에 타고난 인물로 평가받고 있어요.

Q 에투알은 무슨 뜻인가요?

에투알은 프랑스어로 '별'이라는 뜻이에요. 개선문을 중심으로 12개의 거리가 거미줄처럼 뻗어나가는데, 그 모양이 '별'처럼 보여요. 그래서 개선문이 서 있는 광장을 에투알 광장이라고 부르고, 개선문은 에투알 개선문이라고 부른답니다.

에투알 개선문을 중심으로 별처럼 뻗은 파리 도로

Q 에투알 개선문은 얼마나 높은가요?

높이가 51미터이고 너비는 45미터예요. 284개의 계단을 올라가 개선문 전망대에 서면, 별 모양으로 뻗은 파리 시내와 당당하게 서 있는 에펠탑을 볼 수 있어요.

Q 어떤 전쟁을 기념하기 위해 에투알 개선문을 지었어요?

에투알 개선문은 나폴레옹이 1806년 아우스터리츠 전투에서 승리한 것을 기념하여 짓기 시작했어요. 나폴레옹은 오스트리아 제국의 영토였던 아우스터리츠에서 러시아 제국과 오스트리아 연합군을 물리쳤어요. 이 전투에서 승리하자, 프랑스 국민은 나폴레옹을 열렬히 지지했어요. 프랑스 군의 강인함을 보여준 나폴레옹의 업적을 나타내기 위해 지은 거대한 건축물이 바로 에투알 개선문이에요. 나폴레옹이 황제에서 물러나며 공사가 중단되었다가 1836년에 완공되었어요.

Q 개선문은 어떻게 사용되었나요?

개선문은 군인들이 전쟁에서 이기고 돌아올 때 기념식을 치르는 장소로 사용되었어요. 전쟁에서 승리한 황제와 부하들이 개선문 아래를 위풍당당하게 행진하며 귀환하는 것은 대단히 영광스러운 일이었지요. 프랑스가 독일의 지배에서 벗어난 1945년에도 샤를 드골 장군이 이 개선문 아래를 당당히 행진했어요. 하지만 개선문 아래에 꺼지지 않는 불이 타오르는 무명 용사의 무덤을 만든 이후에는 아치를 통과하는 개선식은 사라졌어요. 개선문 주변을 한 바퀴 도는 형태로 치러지고 있어요.

Q 꺼지지 않는 불이 타오르고 있다고요?

개선문의 아치 아래에는 제1차 세계대전에서 전사한 무명 용사들을 기리는 무덤이 있어요. 무명 용사란, 이름이 밝혀지지 않은 군인을 말해요. 제1차 세계대전이 끝난 것을 기념하여 1920년에 무명 용사의 무덤을 만들었는데 이곳에 절대로 꺼지지 않는 성화가 점화되어서 지금까지 타오르고 있어요.

1840년 나폴레옹의 장례식 모습

나폴레옹도 개선문 행진을 했나요?

"나를 위해 지어진 개선문을 죽어서라도 행진하겠다." 나폴레옹은 평소에 이렇게 말하며 개선문에 대한 각별한 집착을 보였어요. 하지만 나폴레옹은 행진하지 못했어요. 개선문이 완공되기 전에 죽었기 때문이에요. 나폴레옹은 1815년 워털루 전투에서 패배하고 섬에 **유배**되어 있다가 건강이 나빠져서 1821년에 죽었어요. 개선문은 1836년에 완공되었지요. 나폴레옹은 죽은 뒤 19년이 지나서야 파리에 돌아올 수 있었어요. 1840년 12월 장례식에서, 나폴레옹의 **유해**가 누워 있는 관이 완공된 개선문 아래를 행진했어요. 죽어서라도 행진하겠다는 나폴레옹의 소원이 이루어진 것 같지요?

유배 죄인을 시골이나 섬 등 먼 곳으로 보내어 일정한 기간 동안 살게 하는 일
유해 죽은 사람의 시체나 유골

이긴 자만 통과할 수 있는 승리의 관문 **개선문**

어느 그림이 진짜 나폴레옹의 모습일까요?

나폴레옹이 군대를 이끌고 알프스를 넘고 있어요. 나폴레옹의 군대는 눈 덮인 알프스를 단 이틀만에 넘어 오스트리아 군을 격파했어요. 왼쪽 그림에서는 나폴레옹이 멋진 말을 타고 경사진 산맥을 위풍당당하게 달려가고 있어요. 오른쪽 그림에서는 작은 노새를 타고 눈 덮인 산길을 터벅터벅 올라가고 있어요. 어느 그림이 진짜 나폴레옹의 모습일까요? 알프스를 넘을 때 나폴레옹의 진짜 모습은 오른쪽 그림이에요. 알프스 산맥은 무척 험해서 말을 타고 달리는 것은 불가능했

〈알프스를 넘는 나폴레옹〉 자크 루이 다비드, 1802년

어요. 더구나 눈이 내린 겨울에는 상상조차 할 수 없는 일이었지요. 하지만 멋진 나폴레옹의 모습이 그려진 왼쪽 그림이 우리에게 친숙하지요? 나폴레옹은 자신이 대단한 영웅이라는 것을 보여주고 싶었어요. 실제보다 씩씩하고 근사한 모습으로 그려지길 원했기 때문에 화가가 나폴레옹의 요청대로 그림을 그린 거예요.

〈알프스를 넘는 나폴레옹〉 폴 들라로슈, 1850년

 | # 개선문 영역

※ 무엇에 관한 힌트일까요? 카드에 적힌 힌트를 보고, 정답을 빈칸에 써넣으세요.

개선문	영웅
별	장례식
아우스터리츠 전투	알프스 산맥
☐☐☐	☐☐☐☐

개선문 3형제	개선문 3형제
티투스	프랑스혁명 200주년
루브르 박물관	사무용 빌딩
☐☐☐	☐☐☐☐

파리의 개선문처럼 개선문 대부분은
로마의 개선문을 본 떠 만들었어요.
그런데 고대 그리스 신전의 모습을 본 따 지은 문이 있어요.
독일에 있는 이 랜드마크는 무엇일까요?

❶ 브란덴부르크 문　　❷ 숭례문

 A 그리스 신전의 모습을 본 따 지은 독일의 랜드마크는
❶ 브란덴부르크 문이에요!

07 브란덴부르크 문

BRANDENBURG GATE

분단의 아픔을 기억하는 평화의 문 | 1788~1791년 | 독일 베를린

브란덴부르크 문

독일

위치	유럽 중부
수도	베를린
언어	독일어
인구	약 8,300만 명
화폐	유로 (1유로 = 약 1,400원)
특징	동독과 서독으로 나누어진 분단국가에서 통일을 이룬 나라예요. '라인강의 기적'으로 불리는 급속한 경제 성장을 이루었으며, 기술과 교육을 중요하게 여기는 나라예요.

Q **브란덴부르크 문도 개선문인가요?**

전쟁에서 이기고 돌아오는 군사를 환영하고 승리를 기념하기 위해 문 모양으로 지은 건축물을 개선문이라고 부르는 것을 알고 있지요? 원래 브란덴부르크 문은 드나들기 위해 성벽에 지은 문이었어요. 1730년, 프로이센(현재 독일) 제국의 수도로 베를린이 정해지자 빌헬름 1세 국왕은 새로운 공사를 시작했어요. 베를린 시내를 둘러싼 성벽을 건설하기로 한 것이죠. 통행하기 위해서 18개의 문도 만들었어요. 그중 하나가 브란덴부르크 문이에요. 브란덴부르크로 향하는 문이라는 뜻이지요. 지금의 브란덴부르크 문은 그때 세워진 브란덴부르크 문을 허물고 새로 지은 것이에요. 프로이센 군대는 전쟁에 나갈 때나 돌아올 때 새로 지은 브란덴부르크 문을 통과해 행진했어요. 그러니까 브란덴부르크 문도 개선문이랍니다.

Q **언제 만들어졌어요?**

성벽을 지은 빌헬름 1세 국왕의 아들인 프리드리히 빌헬름 2세 국왕이 만들었어요. 프로이센 제국을 유럽 최고의 강대국으로 만든 아버지 빌헬름 1세 국왕의 업적을 자랑할 상징을 만들고 싶었거든요. 그래서 원래 있던 브란덴부르크 문을 부수고 크고 근사하게 새로 지었지요. 브란덴부르크 문은 1788년 건축하기 시작해 1791년 완공되었어요.

Q 브란덴부르크 문이 그리스 양식으로 지어졌나요?

개선문은 곡선 모양의 아치가 있는 로마 양식으로 짓는 것이 일반적이었어요. 하지만 브란덴부르크 문은 그리스의 아크로폴리스로 들어가는 관문을 본 떠 만들었어요. 파르테논 신전이 있는 아크로폴리스를 기억하죠? 프로이센의 수도인 베를린이 그리스 아테네의 문화와 학문을 계승하는 위대란 도시라는 것을 상징하려고 했어요. 브란덴부르크 문은 높이가 26미터, 가로 길이는 65.5미터예요. 6개의 원형 기둥이 있고 그 사이로 5개의 통로가 있어요. 가장 간격이 넓은 중앙으로는 왕이나 왕족만 드나들 수 있었고 평민들은 양 끝의 통로만 이용해야 했어요.

Q 브란덴부르크 문의 조각상을 나폴레옹이 가져갔다고요?

브란덴부르크 문은 지어질 당시에 평화의 문을 상징했어요. 그래서 평화의 여신 에이레네와 네 마리의 말이 이끄는 마차 조각상을 문 위에 올려 장식했어요. 네 마리의 말이 이끄는 고대 로마 시대의 전차를 콰드리가라고 부르기 때문에 이 조각상도 콰드리가라고 불러요. 하지만 프로이센 군을 물리친 프랑스의 나폴레옹이 베를린에 **입성**했을 때, 이 콰드리가를 파리로 가져갔어요. 프로이센을 점령했다는 증거를 보여주고 싶었거든요. 베를린의 브란덴부르크 문은 콰드리가 없이 8년을 보냈어요. 나중에 나폴레옹이 물러나고 프로이센 군이 파리를 점령하면서 콰드리가는 다시 베를린으로 돌아왔답니다.

입성 적군의 도시를 함락하고 들어감

Q 파리에서 돌아온 콰드리가의 모습이 달라졌나요?

콰드리가는 처음에 평화의 상징이었어요. 하지만 프로이센 군이 프랑스 군을 물리치고, 콰드리가를 되찾아오면서 콰드리가는 승리의 상징이 되었어요. 브란덴부르크 문도 승리의 문이 되었지요. 그래서 평화의 여신 대신 승리의 여신 빅토리아를 콰드리가에 올렸어요. 평화의 여신은 가지고 있지 않던 독수리와 참나무 잎으로 둘러싸인 철십자 깃발도 추가했어요.

브란덴부르크 문 위의 콰드리가 장식

Q 브란덴부르크 문이 동독과 서독을 가르는 역할을 했나요?

맞아요. 제2차 세계대전이 끝나고 독일은 분단되었어요. 브란덴부르크 문은 그 경계가 되었지요. 브란덴부르크 문은 동베를린에 속했고 소련군이 관리했어요. 그래서 독일이 통일되기 이전까지 브란덴부르크 문 위에서는 동독 국기가 휘날렸어요. 그 후로 브란덴부르크 문 앞으로 베를린 장벽이 세워졌어요. 당연히 브란덴부르크 문을 통한 통행도 금지되었지요.

베를린 장벽이 무엇이에요?

독일이 동독과 서독으로 분단되었지만 처음에는 동독과 서독을 오고가는 것이 어렵지 않았어요. 그러다 보니 동독에서 서독으로 국경을 넘어오는 사람들이 늘어났어요. 서독보다 동독은 빈곤했거든요. 직업을 구하기도 어려웠고요. 동독 정부는 서독으로 탈출하는 사람들을 막아야겠다고 결정했어요. 동독과 서독 사이에 콘크리트 담장을 세우기로 한 것이지요. 이 담장이 바로 베를린 장벽이에요. 베를린 장벽의 전체 길이는 155킬로미터예요. 높이가 3.6미터인 콘크리트 담이 106킬로미터 뻗어 있고 나머지 49킬로미터는 철조망이 3겹으로 둘러싸여 있어요. 이 중 베를린을 둘로 나누는 장벽은 43킬로미터예요. 1961년에 이 장벽을 쌓은 후로는 동독과 서독을 오가기 위해서는 허가를 받아 브란덴부르크 문을 통해서만 **왕래**할 수 있었어요. 하지만 장벽이 굳건히 지키고 있는 기간에도 5천 명 정도가 동독을 탈출했어요. 담장을 넘거나 땅을 파서 담장 아래로 탈출했지요. 이 과정에서 베를린 지역에서만 100여 명이 사망했다고 해요. 베를린 장벽은 세워진 지 28년만인 1989년에 철거되었어요. 지금은 브란덴부르크 문을 중심으로 일부만 기념물로 남겨졌답니다.

왕래 오고가는 것

브란덴부르크 문을 처음으로 행진한 인물은 누구일까요?

독일 베를린에 있는 브란덴부르크 문을 처음으로 통과해 행진한 인물은 바로 나폴레옹이었어요. 나폴레옹이 아우스터리츠 전투에서 승리한 후, 유럽에서는 유일하게 프로이센만이 나폴레옹에게 저항했어요(아우스터리츠 전투에서 승리한 기념으로 파리의 개선문을 짓기 시작한 것을 알고 있지요?). 하지만 바로 다음해 전투에서 프로이센 군은 나폴레옹에게 굴욕적인 패배를 당하고 말았어요. 전투 2주 후, 나폴레옹은 군대를 이끌고 브란덴부르크 문을 통과했어요. 승리의 기쁨을 누리며 베를린 궁전까지 행진했지요. 브란덴부르크 문을 통과해 처음으로 개선 행진을 한 주인공은 바로 프랑스의 나폴레옹이랍니다.

내가 퇴폐미술가라고?

키르히너는 베를린을 사랑한 독일 화가예요. 베를린에 머물며 많은 그림을 그렸어요. 거리를 걷거나 카페에 앉아 있을 때도 주위를 관찰하며 노트에 스케치를 했어요. 키르히너가 그린 브란덴부르크 문은 실제의 모습과는 달라 보여요. 그는 보이는 모습을 사실적으로 나타내지 않고 단순하고 강렬한 선으로 새롭게 표현했어요. 그 시절의 젊은이들처럼 키르히너도 제1차 세계대전에 참전했어요. 하지만 전쟁의 참혹함에 충격을 받았고 **신경쇠약**에 걸린 채로 돌아왔어요. 불행한 일은 계속되었어요. **나치** 정권이 들어서면서, 키르히너는 퇴폐미술가로 낙인찍혔어요. 나치는 자신들이 원하는 방향과 다른 작품을 그리는 미술가를 '퇴폐미술가'라고 부르며 작품을 모두 **몰수**해버렸어요.

자신의 그림을 멋대로 해석하고, 전시조차 할 수 없게 되자 키르히너는 견딜 수 없었어요. 결국 자신의 모든 작품을 불태우고 1938년에 스스로 생을 마감했어요. 키르히너는 현재 명성을 회복하고, 독일의 뛰어난 표현주의 화가로 인정받고 있답니다.

> **신경쇠약** 신경이 자극을 계속 받아서 피로가 쌓여 생기는 질환. 화를 내거나 비관하기 쉽고, 피로를 쉽게 느끼며 불면증에 잘 걸림
> **나치** 히틀러가 대표였던 독일의 정당. 국가 사회주의 독일 노동당을 줄여서 부르는 말
> **몰수** 재산과 소유물을 강압적으로 빼앗는 것

〈베를린의 브란덴부르크 문〉 에른스트 루드비히 키르히너, 1915년

 | # 브란덴부르크 문 영역

※ 카드에 적힌 퀴즈를 읽고 정답을 표시하세요.

브란덴부르크 문은 독일의 뮌헨에 있다.	콰드리가는 네 마리의 말이 이끄는 마차를 부르는 단어이다.
O X	O X
브란덴부르크 문을 처음으로 행진한 인물은 나폴레옹이다.	나폴레옹은 로마를 점령한 증거로 콰드리가를 가져갔다.
O X	O X
콰드리가는 지금 파리에 있다.	동독과 서독을 가르는 베를린 장벽은 철거되었다.
O X	O X

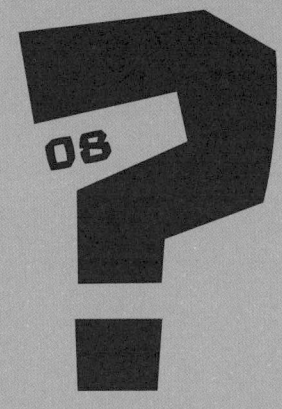

네 마리의 말이 이끄는 마차인 쾌드리가 경주가
열린 곳이 있어요. 이탈리아에 있는 랜드마크이며,
세계에서 가장 큰 원형극장은 어디일까요?

❶ 알람브라 궁전   ❷ 콜로세움

꼬꼬무 랜드마크 퀴즈 **A** 세계에서 가장 큰 원형극장은 ❷ 콜로세움이에요!

08
COLOSSEUM
콜로세움

| 잔혹한 죽음이 가득한 피투성이 경기장 | 72~80년 | 이탈리아 로마 |

이탈리아

위치	유럽 남쪽
수도	로마
언어	이탈리아어
인구	약 5,800만 명
화폐	유로 (1유로 = 약 1,400원)
특징	장화 모양으로 생긴 반도 국가로 고대 로마의 수많은 유적을 가지고 있어요. 파스타와 피자를 비롯한 다채로운 요리가 전 세계인의 사랑을 받고 있어요.

Q 콜로세움은 무엇을 하는 곳이에요?

세계에서 가장 큰 원형극장이에요. 콜로세움은 '거대하다'라는 뜻을 가진 라틴어 콜로수스에서 따 온 이름이에요.

Q 극장에서는 무엇을 공연했나요?

극장에서는 연극을 상영하고 동물들이 서커스를 했어요. 하지만 콜로세움에서는 **검투사**들의 경기가 주로 열렸지요. 검투사와 **맹수**가 맞붙어서 서로 죽고 죽이는 잔인한 경기였어요. 검투사는 경기장에서 싸우는 사람을 말하는데 주로 전쟁 포로, 노예, 범죄자들이었어요. 황제와 시민들은 콜로세움에서 열리는 서커스나 연극보다 검투사의 경기에 더 열광했어요.

> **검투사** 칼을 가지고 서로 맞붙어 싸우는 사람
> **맹수** 사자, 호랑이 등 사나운 짐승

Q 사람과 맹수가 싸운다고요?

맞아요. 경기장 아래에는 검투사의 대기 공간과 맹수들의 우리가 있었어요. 검투사와 맹수들은 엘리베이터와 비밀 문을 통해, 지하에서 올라와 경기를 치렀어요. 이들은 서로 죽을 때까지 싸워야 했어요. 맹수들은 주로 아프리카, 아시아 등 로마 제국 각지에서 잡아왔는데 하루에 5천 마리의 맹수가 죽은 날도 있었다고 해요.

Q 왜 그렇게 잔인한 경기를 해요?

고대 로마는 정치 상황이 안정되지 않았어요. 몇 명의 **소수**가 백성을 지배하는 **과두 정치**가 이루어졌고 큰 세력을 가진 가문을 중심으로 중요한 내용이 결정되는 **족벌주의**가 퍼져 있었어요. 교회의 부패도 심각했지요. 국민들이 이런 정치적 일들에 관심을 가지면 반발이 생기고 신뢰를 잃게 되겠지요. 그러면 뜻대로 다스리기 어려울 거라고 황제는 생각했어요. 그래서 국민의 관심을 돌리기 위해 더 자극적이고 잔인한 오락거리를 제공했던 거예요.

> **소수** 적은 수
> **과두 정치** 적은 수의 우두머리가 국가의 최고 기관을 만들어 행하는 독재적인 정치
> **족벌주의** 자신의 가족이나 무리를 우선하는 태도

Q 맹수와의 싸움에서 이긴 검투사도 있나요?

검투사 대부분은 경기에서 목숨을 잃었어요. 하지만 이기는 경우도 드물게 있었어요. 경기에서 승리하면 유명한 검투사가 되어 돈을 많이 벌었어요. 정해진 수만큼 승리를 거두면, 자유를 얻을 수도 있었어요. 그래서 검투사들은 더욱 필사적으로 경기를 했다고 해요.

Q 콜로세움에서 벌어지는 경기는 누구나 관람할 수 있었나요?

누구나 관람할 수 있었어요. 하지만 신분과 성별에 따라 좌석이 달랐어요. 콜로세움의 좌석은 4층이고 계단식으로 만들어져 있

는데 신분이 높을수록 경기장과 가까운 아래쪽 좌석에 앉았어요. 신분이 낮을수록 경기장과 먼 위쪽 좌석에 앉았고요. 1층의 특별석에는 황제와 왕비가 앉았고, 2층에는 귀족, 3층에는 로마 시민권자가 앉았어요. 꼭대기인 4층은 여자와 노예, 빈민을 위한 공간으로 서서 관람하는 입석이에요. 입장료가 무료였는데 경기장과 멀어서 전투 장면을 자세히 보기 어려웠다고 해요.

Q 콜로세움에서 배를 이용한 전투가 벌어졌다고요?

로마 시대에는 강이나 호수에서 **모의** 해상 전투를 벌이기도 했어요. 이것을 나우마키아라고 불러요. 나우마키아는 전투에서 승리한 것을 기념하여 열리는 이벤트였어요. 나우마키아가 열리는 날이면, 콜로세움의 경기장은 물로 채워져요. 물로 가득 찬 경기장에 배가 등장하고 전투가 시작되지요. 배에 타고 있는 상대편이 단 한 명도 남지 않을 때까지 경기는 계속되었어요. 검투사의 경

모의 실제와 똑같이 본떠서 시험적으로 해보는 것

콜로세움 내부의 모습

기보다 훨씬 많은 수의 사람이 죽는 잔인한 경기였어요. 많은 사람이 관람하는 것을 목적으로 하기 때문에 인공호수를 만들어서 공연하기도 했어요.

Q 콜로세움은 누가 지었나요?

베스파시아누스 황제가 72년에 짓기 시작해서, 그의 아들인 티투스 황제가 80년에 완공시켰어요. 가장 오래된 개선문인 티투스 개선문을 지은 바로 그 티투스 황제예요.

Q 콜로세움은 얼마나 큰가요?

콜로세움의 높이는 48미터예요. 12층 건물과 비슷하지요. 둘레는 527미터의 타원형 모양이에요. 콜로세움에는 5만 명의 관중이 동시에 들어갈 수 있어요. 경기장은 축구장 하나가 들어갈 정도로 크답니다.

Q 검투사 경기는 언제 중단되었나요?

로마의 콘스탄티누스 황제가 313년에 기독교를 **공인**하면서 법으로 금지하려고 했어요. 잔인했기 때문이지요. 시민들이 반대하여 법으로 금지하는 것은 실패했지만 검투사 경기의 인기는 점차 사그라들었어요. 681년에 마침내 공식적으로 금지하면서 검투사 경기는 중단되었답니다.

> **공인** 국가나 사회가 공식적으로 인정함

엄지 척, 검투사의 목숨을 살릴까?

검투사 경기에서 지면 어떻게 되었을까요? 패배한 검투사는 모두 죽었을까요? 아니에요. 졌더라도 경기 내용이 아슬아슬하고 재미있었다면 관중은 살리기를 원했어요. 반대로 이겼더라도 평범하고 재미없는 경기를 했다면 관중이 **가차없이** 죽이기를 원했어요. 최종 결정은 황제의 손가락에 달려 있었어요. 황제가 엄지를 위로 올리면 검투사는 살고, 아래로 내리면 검투사는 죽었어요. 황제의 손가락이 검투사의 삶과 죽음을 결정했지요. 지금 우리가 사용하는 '좋아요'가 로마 시대엔 무시무시한 힘을 가진 표현이었어요.

> **가차없이** 사정을 봐주거나 용서해주는 데가 없이

잔혹한 죽음이 가득한 피투성이 경기장 **콜로세움**

콜로세움을 닮은 전설의 탑

그림 속 건물이 콜로세움과 닮았지요? 벨기에의 화가 브뤼헐이 그린 〈바벨탑〉이라는 그림이에요. 〈바벨탑〉은 성경에 나오는 전설의 탑이에요. 사람들은 탑을 높이 쌓아 올려 하늘까지 닿으려 했어요. 탑이 높아질수록 신과 동등해지고 싶은 욕심도 커졌어요. 거대한 탑은 점점 더 높아졌어요.

신의 영역까지 닿으려는 사람들의 욕심과 **오만**에 신은 화가 났어요. 그래서 서로의 말을 알아듣지 못하게 언어를 여러 개로 나누어 버렸어요. 서로의 말을 이해하지 못하게 되자, 더 이상 탑을 지을 수가 없었어요. 짓다 만 탑은 결국 무너졌지요. 무너진 탑은 '혼란'을 의미하는 '바벨'이라는 이름을 가지게 되었어요.

브뤼헐이 이 그림을 그린 시기의 플랑드르 지역(지금의 네덜란드와 벨기에 일대)도 극심한 혼란을 겪고 있었어요. 스페인과 전쟁을 벌이고 있었고, 종교 간의 갈등도 심각했어요. 브뤼헐에게 당시의 사회는 멸망 직전의 로마 제국처럼 느껴졌어요. 그림 속의 바벨탑이 로마의 상징인 콜로세움과 닮은 이유를 짐작할 수 있겠지요? 화가는 이탈리아에 머문 적이 있었기 때문에, 콜로세움에서 바벨탑에 대한 영감을 받았다고 해요.

오만 태도나 행동이 건방지거나 거만함

〈바벨탑〉 페테르 브뤼헐, 1563년

 | # 콜로세움 영역

※ 사다리를 타고 내려가 문제의 정답을 적어보세요.

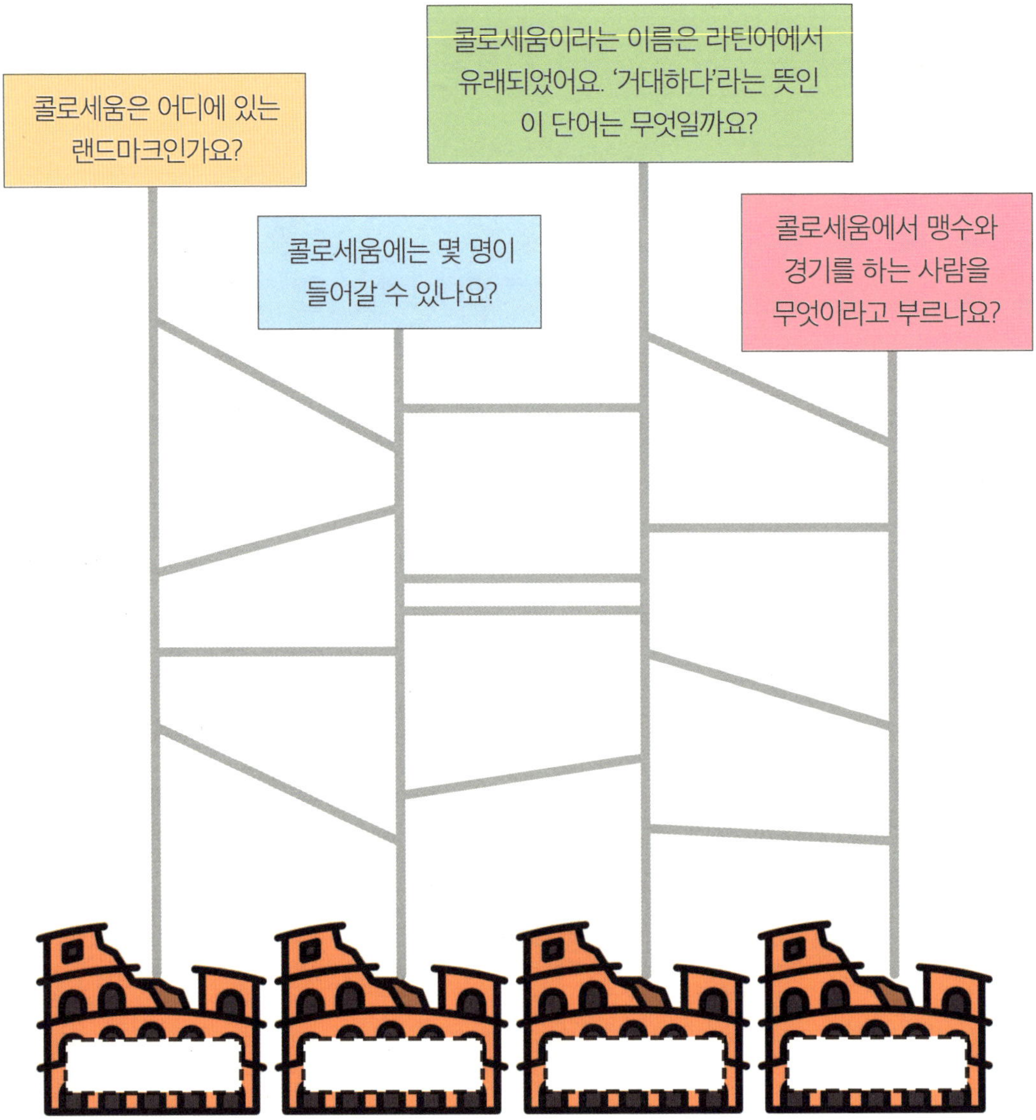

- 콜로세움은 어디에 있는 랜드마크인가요?
- 콜로세움이라는 이름은 라틴어에서 유래되었어요. '거대하다'라는 뜻인 이 단어는 무엇일까요?
- 콜로세움에는 몇 명이 들어갈 수 있나요?
- 콜로세움에서 맹수와 경기를 하는 사람을 무엇이라고 부르나요?

콜로세움은 세계에서 가장 큰 원형극장이에요.
그렇다면 가장 아름다운 공연장은 어디일까요?
호주에 있는 랜드마크랍니다.

① 오페라하우스　② 마추픽추

꼬꼬무 랜드마크 퀴즈 A　세계에서 가장 아름다운 공연장은 ① 오페라하우스예요!

09 오페라하우스

SYDNEY OPERA HOUSE

오렌지를 닮은 아름다운 공연장 | 1959 ~ 1973년 | 호주 시드니

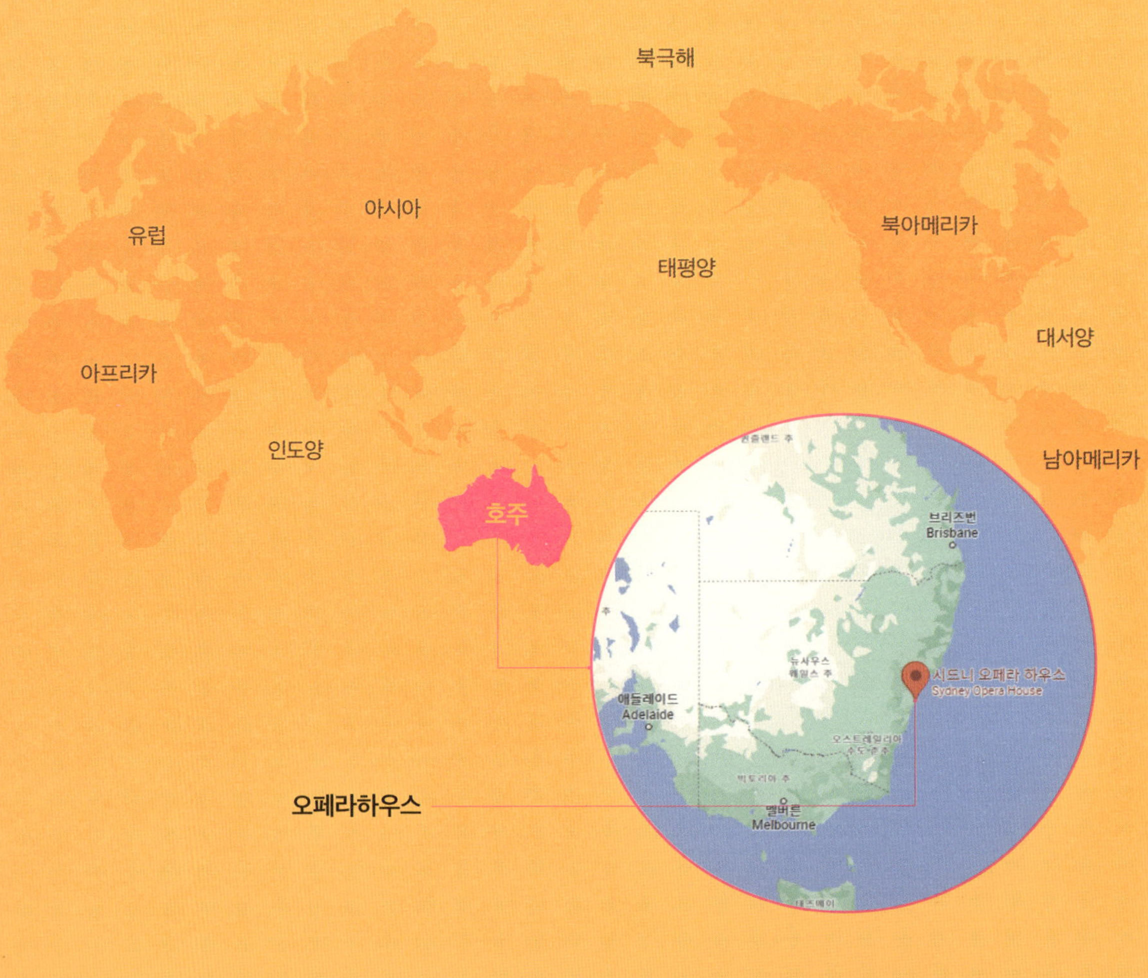

북극해
아시아
유럽
태평양
북아메리카
아프리카
대서양
인도양
남아메리카
호주

오페라하우스

호주

위치	오세아니아 중앙
수도	캔버라
언어	영어
인구	약 2,600만 명
화폐	오스트레일리아 달러 (1달러 = 약 880원)
특징	특별하고 신비한 자연을 가진 이민자의 나라예요. 섬나라가 아니라 하나의 대륙이에요.

Q 오페라하우스는 무엇을 하는 곳인가요?

1년에 1,600회가 넘는 공연이 열리는 공연장이에요. 오페라하우스에는 1,547개의 좌석을 가진 오페라 극장과 2,679개의 좌석이 있는 콘서트홀이 있어요. 오페라뿐만 아니라 음악, 발레, 댄스 공연 등 여러 가지 공연과 행사가 열리고 있지요. 공연 이외에도 도서관, 레스토랑 등을 갖춘 복합건물이랍니다.

Q 공연하기 위한 목적으로 지었어요?

맞아요. 호주의 뉴사우스웨일스 주 정부는 시드니를 국제도시로 만들고 싶었어요. 그래서 시드니를 대표할 만한 건축물을 세우기로 했지요. 시민들은 유럽인들이 즐기는 문화예술 경험을 누리고 싶어 했어요. 시민들의 소망대로 시드니 바닷가에 아름다운 공연장을 가진 오페라하우스를 짓기로 결정했어요.

Q 오페라하우스도 건축가를 정할 때 에펠탑처럼 공모전을 했나요?

정답이에요. 1956년 국제 설계 공모전을 열었어요. 32개국에서 233개의 디자인 설계안이 모여들었어요. 하지만 심사위원들은 결정하기 어려웠어요. 오페라하우스에 적합한 설계안을 찾을 수가 없었거든요. 심사위원들은 탈락한 설계안을 다시 심사하였고 마침내 1957년 덴마크 건축가인 요른 웃손의 설계안을 최종 선택했어요. 모양이 독특해서 제대로 지어질 수 있을지에 대한 의문은 여전히 남아 있었지만요.

Q 모양이 어떻게 독특했나요?

설계안 속 오페라하우스는 둥그런 지붕을 가진 곡선 형태의 건물이었어요. 설계안을 본 구조 기술자들은 고개를 갸웃거렸어요. 구조 기술자는 안전하고 튼튼한 건물을 짓는 데 필요한 **자재**를 정하고 자재가 들어갈 위치를 결정하는 전문가예요. 설계안의 지붕은 낯설고 새로운 형태여서 전문가에게도 무척 어려운 작업이었어요. 조개 모양의 지붕 구조를 짓는 데 8년이나 걸렸어요.

자재 어떤 것을 만드는 기본적인 재료

Q 완공될 때까지 몇 년이나 걸렸어요?

세라믹 타일 점토가 섞인 원료를 높은 온도에서 구운 타일

지붕 구조를 짓는 데 8년 걸렸고, 지붕을 덮을 **세라믹 타일**을 개발하는 데 3년 걸렸어요. 1959년에 짓기 시작해서 1973년에 완공했으니까 14년이 걸렸지요. 가로 185미터, 세로 120미터이고, 지붕의 가장 높은 부분이 67미터인 22층 높이로 오페라하우스는 완공되었어요. 오페라하우스에는 총공사비 1억 호주 달러(약 990억 원)가 들었지요. 하지만 건물을 완공한 건축가는 웃손이 아니었어요. 그는 1966년에 호주를 떠났거든요.

Q 요른 웃손은 왜 호주를 떠났어요?

호주 정부가 웃손에게 설계안을 수정해달라고 요구했는데 웃손이 거절했거든요. 그래서 공사를 멈추고 호주를 떠나야 했어요. 정부는 설계안을 왜 수정해달라고 했을까요? 계획보다 시간과 돈이 너무 많이 들었기 때문이에요. 웃손이 설계도에 제시한 공사비는 700만 호주 달러(약 60억 원)였는데 공사가 진행될수록 돈이 더 많이 들어가 2,300만 호주 달러(약 200억 원)가 사용되

었어요. 공사 기간도 길어졌고요. 결국 웃손은 오페라하우스가 절반쯤 지어졌을 때 호주를 떠났답니다. 이후 호주 정부는 설계안을 변경해서 오페라하우스를 완공했어요. 오페라하우스가 완공되고 열린 기념식에도 웃손은 참석하지 않았어요. 시간이 지난 후, 호주 정부와 웃손은 화해했지만 웃손은 이미 늙고 병이 들어서 호주까지 갈 수 없었어요. 웃손은 자신이 설계한 오페라하우스를 보지 못하고 2008년에 눈을 감았어요.

Q 오페라하우스의 타일은 무엇이 특별해요?

오페라하우스의 지붕은 세라믹 타일로 뒤덮여 있어요. 반짝임이 있는 흰색 타일과 반짝임이 없는 상아색 타일이 골고루 배치되어 있어요. 무려 106만 개가 넘는답니다. 요른 웃손은 시드니의 푸른 바다와 대비되는 색으로 지붕을 완성하고 싶었어요. 3년간 연구한 끝에 돌가루가 섞인 흙으로 타일을 만들어냈어요. 그가 개발한 세라믹 타일은 겉면이 반들반들해서 빛을 잘 반사했어요. 맑은 날에는 햇빛을 반사해 반짝거리고, 흐리거나 비 오는 날에는 차분한 회색빛으로 보이지요. 날씨와 구름에 따라 오페라하우스가 다른 색으로 보이는 이유는, 특별한 세라믹 타일 덕분이랍니다.

Q 오페라하우스는 조개 모양일까요, 오렌지 껍질 모양일까요?

조개껍데기 모양 같기도 하고, 벗겨진 오렌지 껍질 같기도 해요. 웃손은, 오렌지 껍질을 벗기다가 디자인이 떠올랐다고 말했어요. 완공된 오페라하우스는 바다를 떠다니는 요트의 돛처럼 보이기도 해요. 어떤 모양일지 마음껏 상상하며 오페라하우스를 감상하면 좋겠지요?

세계에서 가장 아름다운 3개의 항구는?

호주 시드니
세련된 대도시와 아름다운 자연이 어우러진 도시예요. 고층빌딩의 불빛이 바다에 반사되어 반짝이는 모습은 시드니 항구의 가장 예쁜 풍경이에요.

이탈리아 나폴리
'나폴리를 보고 죽어라'라는 말이 있을 정도로 아름다운 도시예요. 활화산인 베수비오 화산이 지켜보고 있는 나폴리 항은, 어머니의 품처럼 부드럽고 포근한 모습이에요.

브라질 리우데자네이루
북적이는 도시와 맞닿아 있는 아름다운 해변이 매력적인 도시예요. 항구 근처에는 396미터의 바위산이 랜드마크처럼 서 있어요. 마치 리우데자네이루 항을 수호하는 것처럼 느껴져요.

오렌지를 닮은 아름다운 공연장 **오페라하우스**

시드니에 오페라하우스가 없다면?

1907년 시드니의 풍경을 담은 그림이에요. 풍경에서 오페라하우스를 찾아볼까요? 찾지 못할 거예요. 오페라하우스는 1959년에 지어지기 시작했으니까요. 그림에서 바다로 길쭉하게 나온 땅은 크리몬느 **곶**이에요. 시드니 북쪽 해안가에 있는 작은 항구예요. 크리몬느 곶 너머로 오페라하우스가 지어질 베네롱 곶이 있지요. 호주는 1901년 영국의 식민지 지배에서 벗어났어요. 그림이 그려진 1907년은 호주가 **자치권**을 가진 국가로서 발전해가는 시기였어요. 시드니는 교육과 문화의 중심도시로 발전해가고 있었지요.

그림을 그린 아서 스트리튼은 호주의 멜버른에서 태어난 화가예요. 밝은 색채의 호주 풍경화를 주로 그렸답니다.

곶 바다 쪽으로 좁고 길게 뻗어 있는 육지의 끝부분
자치권 스스로 처리하는 권한

⟨시드니 하버⟩ 아서 스트리튼, 1907년

 | # 오페라하우스 영역

※ 오페라하우스에 대한 글을 읽고, 동그라미에 들어갈 말을 아래 낱글자 상자에서 찾아 쓰세요.

1. 오페라하우스는 호주의 ○○○ 에 있어요.

2. 1년에 1,600회 이상의 공연을 하는 ○○○ 이에요.

3. 오페라하우스 설계자인 요른 웃손은 ○○○ 출신의 건축가예요.

4. 조개 모양이기도 하고, ○○○ 껍질 모양이기도 해요. ○○ 의 돛을 닮기도 했어요.

5. 오페라하우스의 지붕은 ○○○ 타일로 뒤덮여 있어요.

6. 이 타일은 ○○○ 에 흙을 섞어 만들었어요.

| 시 | 렌 | 세 | 오 | 공 | 니 | 가 | 덴 | 루 | 장 |
| 연 | 트 | 드 | 크 | 믹 | 지 | 라 | 마 | 돌 | 요 |

오페라하우스는 조개와 오렌지 껍질을 닮았지요?
백로를 닮은 일본의 랜드마크도 있어요. 어디일까요?

❶ 노이슈반슈타인 성   ❷ 히메지성

꼬꼬무
랜드마크 A 백로를 닮은 랜드마크는 일본의 ❷ 히메지성이에요.
퀴즈

10 히메지성

HIMEJI CASTLE

불에 타지 않는 새하얀 백로 성 | 1333 ~ 1609년 | 일본 효고현 히메지시

일본

위치	아시아 동쪽
수도	도쿄
언어	일본어
인구	약 1억 2,300만 명
화폐	엔 (100엔 = 약 1,000원)
특징	4개의 큰 섬이 길게 줄지어 있어서 열도라고 불러요(홋카이도, 혼슈, 시코쿠, 규슈). 전통을 존중하고 공동체 의식을 중요하게 여겨요.

Q 성이 백로를 닮았어요?

히메지성 외벽은 하얀색이에요. 지붕은 끝이 살짝 치켜 올라가 있지요. 그 모습이 마치 하늘로 날아오르려고 하는 백로처럼 보여요. 그래서 백로 성이라는 별명을 가지게 되었어요. 시민들은 히메지성을 '시라사기'라고 부르는데 흰 백로라는 뜻이에요.

Q 성이 왜 하얗죠?

일본의 건축물은 대부분 목조 건물이에요. 화재에 몹시 취약하지요. 히메지성도 목조 건물이에요. 그래서 화재에 대비하기 위해 벽과 기둥, 기와의 이음새까지 **회반죽**을 칠했어요. 목조 건물에 회반죽의 하얀 색이 덧입혀져서 새하얀 성이 되었어요. 회반죽은 불에 타지 않는 성질을 가졌기 때문에 목조 건물에 불이 붙는 것을 막을 수 있어요. 일본의 성들은 대부분 전쟁 때 피해를 입어 복구한 모습이지만, 히메지성은 유일하게 옛 모습을 그대로 유지하고 있답니다.

회반죽 건물을 지을 때 천장이나 벽 등을 보호하기 위해 바르는 건축용 재료

Q 히메지성은 얼마나 큰 성인가요?

히메지성은 바닥에 15미터의 돌담을 쌓은 다음, 그 위에 32미터 높이로 성을 지었어요. 산 위에 지어졌는데 산의 높이가 45미터이니까 히메지성의 총 높이는 대략 92미터예요. 히메지성은 대천수각과 소천수각, 부엌 등 83개의 건물로 이루어져 있고 내부에 정원도 꾸며져 있어요. 일본의 성에 설치된 높은 누각을 천수각이라고 불러요.

Q 천수각은 어떤 역할을 하는 공간이에요?

천수각은 일본성에서 가장 중요한 공간이에요. 적을 방어하고 군사를 지휘하는 역할을 하지요. 하지만 문과 벽이 없는 누각이기 때문에 전쟁이 일어났을 때 쉽게 파괴돼요. 그런데도 천수각은 많은 돈과 **인력**을 들여 높고 크고 화려하게 지었어요. 천수각이 성주의 권력을 상징하기 때문이에요. 히메지성의 천수각은 일본에 남아 있는 천수각 중에서 가장 큰 규모라고 해요.

인력 사람의 힘이나 노동력

Q 히메지성의 천수각에 수호신이 산다는 이야기가 진짜인가요?

맞아요. 히메지 성의 천수각에 수호신이 살고 있는데 그 이름이 오사카베히메예요. 오사카베히메는 히메지성에서 불행하게 죽은 오사카베라는 여자의 혼령과 성의 수호신인 늙은 여우가 한몸이 된 요괴라고 전해져요. 1년에 한 번씩 성주를 만나 성의 운명을 알려줬어요. 그런데 성주가 아닌 다른 사람이 나타나면 오사카베히메는 3미터로 거대하게 변신해서 사람들이 겁을 먹고 도망가게 만들었어요. 인간을 싫어했기 때문이래요. 천수각의 가장 높은 곳에 오사카베 신사가 있어요. 예전에는 성의 안전과 가문의 번영을 기원하며 기도를 올렸어요. 지금은 방문객들이 각자의 소원을 빌며 기도하는 곳이 되었어요.

Q 히메지성은 어떤 목적으로 지은 성인가요?

히메지성은 방어를 목적으로 지은 성이에요. 1333년경에 처음 지어졌다가 16세기 도요토미 히데요시가 천수각을 **증축**했어요. 그리고 1601년에 도쿠가와 이에야스의 사위가 **개축**을 시작해서 1609년에 지금의 히메지성을 완공했어요. 성을 왜 자꾸 고쳤을까요? 가장 강하고 효율적인 방법으로 적을 방어하기 위해서예요.

도요토미 히데요시
일본의 정치가로 일본을 통일했으며 **임진왜란**을 일으켰어요.

도쿠가와 이에야스
일본의 **무신 정권**을 막부라고 부르는데 도쿠가와 이에야스는 에도 막부를 세우고 통솔한 사람이에요. 에도는 지금의 도쿄를 말해요.

ⓒ https://commons.wikimedia.org/wiki

증축 건물을 더 늘려 지음
개축 허물어지거나 낡아서 다시 고쳐 짓거나 쌓음
임진왜란 1592년에 일본이 조선을 침략하여 일어난 전쟁
무신 정권 무술, 군사와 관련한 일을 하는 관리들의 집단

Q 어떻게 적을 방어했나요?

성벽 주위를 빙 둘러 파고 그 웅덩이에 물을 채워 적이 접근하지 못하게 했어요. 15미터 높이의 돌담은 부채꼴 모양으로 쌓았고요. 반듯한 수직이 아니라 밖으로 벌어지게 쌓아서 침입자가 담을 넘기 어렵게 만들었지요. 천수각으로 가는 길엔 곳곳에 함정도 숨겨놓았어요. 히메지성의 복도는 몹시 좁고 구불구불한데 이것도 미로에 갇힌 것처럼 빙빙 돌다가 방향 감각을 잃도록 계획한 거예요. 그래서 지금도 길을 잃는 관광객들이 있다고 해요.

성 내부에는 다락방으로 올라가는 입구처럼 생긴 아주 작은 공간이 있어요. 그곳에 무사가 숨어 있다가 성으로 침입한 적을 기습했어요. 히메지성은 주요 건물들이 전쟁에 유리하게 배치되어 있고, 통로가 요새 같아서 적을 방어하기에 최적화되어 있답니다.

Q 화재를 막아주는 물고기가 있다고요?

물고기가 성에 화재가 나는 걸 막아주기를 바라는 마음을 담았어요. 물고기는 물을 상징하니까요. 그래서 히메지성의 꼭대기 처마에 물고기 모양의 장식을 올렸지요. 물고기 장식은 복원공사를 할 때마다 새로운 것으로 바꾸고 있어요. 교체한 물고기 장식은 가장 오래된 것부터 최근 장식까지 전시하고 있어요.

<접시 저택> 가쓰시카 호쿠사이, 1831~1832년

히메지성에 사는 억울한 우물 귀신

히메지성은 화재를 막기 위해 곳곳에 우물을 파놓았어요. 그중 으스스한 이야기가 전해 내려오는 우물이 있어요. 바로 오키쿠 우물이에요. 오키쿠는 **영주**의 저택에서 일하는 하녀였어요. 영주의 집안에는 대대로 내려오는 가보 접시가 10개 있었어요. 어느 날, 오키쿠가 그중 1개를 깨뜨리고 말았어요. 화가 난 영주는 오키쿠의 손가락 하나를 자르고 방에 가둬버렸어요. 분을 참지 못한 오키쿠는 그날 밤, 방을 빠져나와서 저택의 낡은 우물에 몸을 던져서 죽고 말았어요.
그런데 그 후로 밤마다 이상한 소리가 들리기 시작했어요.
"접시 하나, 접시 둘…."
오키쿠가 접시를 세는 소리였어요. 이상한 일은 거기에서 멈추지 않았어요. 영주의 부인이 아들을 낳았는데 아들의 손가락 하나가 없지 뭐예요?
이 사실을 알게 된 막부가 영주에게 벌을 내렸어요. 하지만 오키쿠가 접시를 세는 소리는 계속 들렸어요. 그래서 **신심**이 깊은 **고승**을 불러 오키쿠의 영혼을 달래주라고 부탁했어요.
어느 깊은 밤, 오키쿠가 또 접시를 세기 시작했어요.
"접시 하나, 접시 둘…."
오키쿠가 아홉 개까지 세자 고승이 재빨리 외쳤어요.
"접시 열!"
그러자 오키쿠의 영혼이 이렇게 말한 뒤 사라졌대요.
"이제 다 셌다."

영주 땅을 가진 사람
신심 깊이 믿는 마음
고승 지혜가 뛰어나고 덕이 높은 승려

〈후카쿠 36경 : 가나가와의 높은 파도 아래〉 가쓰시카 호쿠사이, 1800~1833년

가장 유명한 일본 그림은?

히메지성이 지금의 모습을 갖춘 에도 시대(1603~1867년)에 일본에서 특별한 풍속화가 발달했어요. 이 풍속화를 우키요에라고 불러요. 우키요에는 서민 사이에서 유행하던 목판화예요. 나무에 그림을 새긴 다음 종이에 찍은 그림을 목판화라고 해요. 에도 시대에, 붓으로 그린 그림은 몹시 비쌌어요. 목판화는 그림을 대량으로 찍어낼 수 있고 가격도 저렴했기 때문에 서민들에게 인기가 있었지요. 우키요에는 주로 여인과 가부키 배우, 유명한 장소의 풍경 등을 그렸어요. 그 시대의 일반적인 풍속과 풍경을 담았지요. 선명한 원색과 짙은 흑색으로 그려져 색감이 화려한 것이 우키요에의 특징이에요.

그림을 그린 호쿠사이는 에도 시대의 대표적인 화가였어요. 자기 자신을 '그림에 미친 화가'라고 부르며 평생 3만 작품을 남겼어요. 〈가나가와의 높은 파도 아래〉는 가장 유명한 우키요에 작품이며 가장 유명한 일본 그림이랍니다.

 **히메지성 영역**

※ 질문을 읽고 끝말잇기를 해보세요.

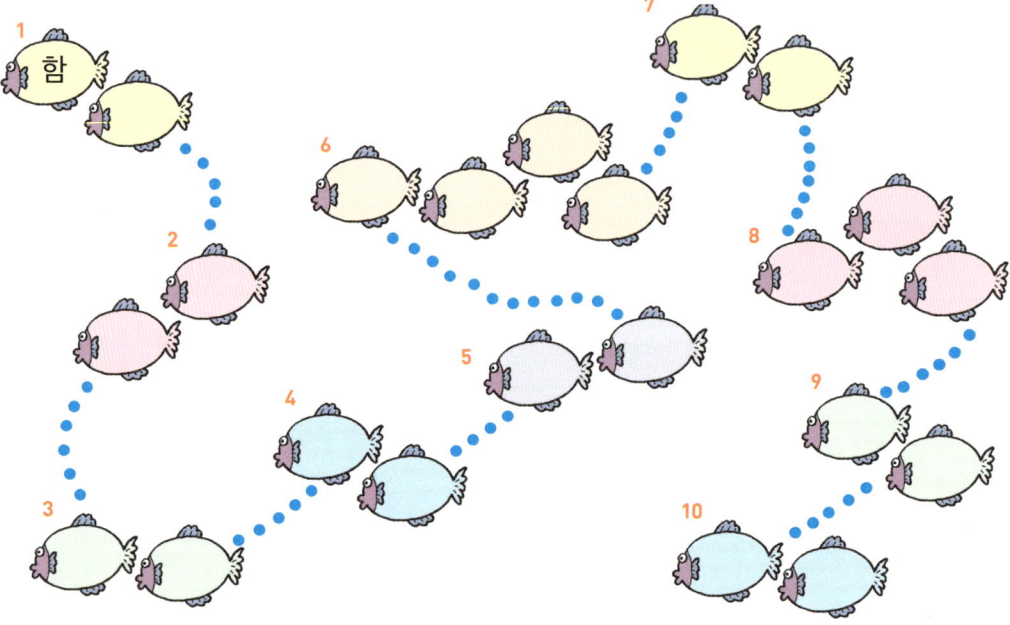

1. 짐승 따위를 잡기 위하여 파 놓은 구덩이   예) 숲속에 만들어둔 OO에 토끼가 빠져 있어!
2. 움직이다가 멈추는 것   예) 도로에는 OO 된 채 서 있는 자동차가 많았다.
3. 비·이슬·햇빛 등을 막기 위해 집의 꼭대기 부분에 씌우는 덮개   예) OO에 눈이 덮였다.
4. 허물어져 무너짐   예) 건물이 OO 위험에 처했습니다!
5. 괴상하게 생긴 물체 혹은 생명체   예) 그 아이는 OO이 나오는 영화를 좋아해.
6. 우두커니 한 곳만 바라보는 모양   예) 엄마가 나를 OOOO 바라보았다.
7. 어지럽게 갈래가 져 한 번 들어가면 빠져나오기 어려운 길
   예) 히메지성의 내부 복도는 OO처럼 복잡하다.
8. 사용자의 이름과 비밀번호를 입력하여 네트워크에 접속하는 것   예) OOO에 실패했어.
9. 어떤 대상에 쏠리는 대중의 높은 관심이나 호감   예) 나는 OO 유튜버가 되고 싶어.
10. 적이 갑자기 하는 공격
    예) 히메지성의 다락방에는 적을 OO하기 위해 무사가 숨어 있었어요.

히메지성은 세계문화유산으로 등재되어 있어요.
세계문화유산으로 등재된 곳 중에서,
특이하게도 유럽에 자리잡은 이슬람 궁전이 있대요.
어디일까요?

❶ 알람브라 궁전   ❷ 런던탑

유럽에 있는 이슬람 궁전은 ❶ 알람브라 궁전이에요.

11
ALHAMBRA
알람브라 궁전

이슬람의 유산을 간직한 붉은 보석 | 1238 ~1354년 | 스페인 그라나다

스페인

위치	유럽 남서쪽
수도	마드리드
언어	에스파냐어
인구	약 4,750만 명
화폐	유로 (1유로 = 약 1,400원)
특징	유럽, 아프리카, 이슬람의 문화가 고루 섞여 다양하고 독특한 문화를 가지고 있어요. 열정적이고 자유로운 문화예술이 발달했어요.

Q 알람브라는 무슨 뜻이에요?

알람브라는 아랍어로 '붉다'라는 뜻이에요. 궁전을 지을 때 사용한 벽돌이 모두 붉은색이어서 알람브라 궁전이라는 이름을 가지게 되었지요.

Q 왕이 살았던 궁전이에요?

알람브라 궁전은 그라나다에 있는 나스르 왕조가 세우고 머물렀던 궁전이에요. 적을 방어하기 위한 요새의 역할도 했어요.

Q 나스르 왕조의 적은 누구였나요?

나스르 왕조는 이베리아반도에 정착한 무어인이었어요. 스페인과 포르투갈이 있는 **반도**를 이베리아반도라고 해요. 무어인이란, 이베리아반도와 북아프리카에 사는 이슬람교도를 부르는 말이고요. 무어인인 나스르 왕족의 적은 이베리아반도 내의 기독교 세력이었어요.

반도 삼면이 바다에 싸이고 한 면은 육지에 이어진 땅

Q 왜 적이 되었어요?

이베리아반도는 유럽의 끝에 있어요. 아프리카 대륙과 아주 가까웠지요. 그래서 기독교인과 이슬람인은 이베리아반도를 서로 차지하려고 치열하게 전쟁을 벌였어요. 711년, 북아프리카의 무어인

이 이베리아반도를 점령했어요. 그 후로 800년 동안 이베리아반도는 이슬람 왕국이 되었지요. 하지만 그 시기에 레콘키스타가 한창이었어요. 레콘키스타는 이베리아반도에서 이슬람교도를 물리치고 국토를 회복하려는 기독교인의 국토회복 전쟁이에요. 레콘키스타로 인해 계속 공격을 받자 이슬람교도는 반도의 남쪽까지 밀려오게 되었지요. 그곳에 알람브라 궁전을 세운 거예요. 이슬람교도인 무어인이 세운 그라나다왕국은 기독교인들에게는 몰아내야 할 상대였기 때문에 적이 되었어요.

Q 알람브라 궁전은 어떤 모습이에요?

알람브라 궁전은 세 구역으로 나누어져 있어요. 왕족이 거주하는 나스르 궁전, 에스파냐인들이 만든 카를로스 5세 궁전, 군사 요새와 정원이 있는 구역이에요. 궁전과 군사 요새가 복합된 공간이지요. 궁전의 외부 모습은 단순하고 소박해요. 하지만 궁전 내부는 밖에서 볼 때와는 다르게 아름답고 화려해요. 아라베스크가 궁전의 벽과 천장, 기둥을 장식하고 있거든요. 아라베스크는 식물이나 아랍 문자, 기하학적인 모양이 반복적으로 어울린 섬세한 장식이에요. 이슬람 사원의 벽면이나 공예품에 주로 사용되고 있지요. 아라베스크가 가득한 알람브라 궁전은 기독교 건축물과는 다른 독특하고 신비로운 분위기를 풍기고 있어요.

Q 궁전에서 가장 아름다운 곳은 어디인가요?

나스르 궁전이에요. 알람브라의 꽃이라고 부르는 곳이에요. 나스르 궁전에는 왕의 집무실과 침실, 정원 등이 있어요. 그중 아라야네스 정원은 관람객들이 모두 감탄하는 아름다운 정원이에요. 이 정원에는 길이가 35미터이고 폭이 7미터인 커다란 직사각형 연못이 있어요. 아라야네스는 천국의 꽃나무라는 뜻인데 연못의 양쪽에 심어져 있는 식물이 바로 아라야네스에요. 붉은 궁전과 푸른 하늘이 연못에 비치는 모습은 감탄을 자아낼 정도로 아름다워요. 무어인이 원래 살던 아프리카 대륙은 물이 부족한 곳이었어요. 풍요롭게 물이 흐르고 꽃과 나무가 무성한 곳을, 무어인들은 천국이라고 생각했어요. 연못, 분수, 수로의 물소리가 끊이지 않는 알람브라 궁전에서도 나스르 궁전의 아라야네스 정원이 가장 눈부신 곳이지요. 하지만 나스르 궁전에서 가장 흥미로운 공간은 사자의 궁전이랍니다.

Q 사자의 궁전에는 사자가 있어요?

사자의 궁전은 왕궁 여인들의 거처예요. 왕 이외의 남자들은 들어가지 못하는 구역이지요. 그곳에 12마리의 사자 **석상** 분수가 있는데 이 분수를 '사자의 샘'이라고 불러요. 이슬람 문화에서는 동물이나 사람을 숭배하지 않기 때문에 그와 비슷한 조각도 두지 않아요. 사자의 궁전에 있는 사자 석상은, 유대인들에게 받은 선물이라 어쩔 수 없이 두었다고 해요. '사자의 샘'은 12마리의 사자가 둥글게 늘어서서 원형 분수를 받치고 있어요. 사자의 입에

석상 돌을 조각해서 만든 사람이나 동물의 형상

서는 물이 졸졸 흘러나오는데 예전에는 정각에 맞춰 물이 뿜어 나왔어요. 지금은 시계의 기능은 하지 못해요.

Q 나스르 왕조는 아름다운 궁전을 결국 빼앗겼나요?

결국, 빼앗겼어요. 당시 에스파냐 땅은 카스티야, 아라곤, 그라나다 왕국으로 3등분되어 있었어요. 그러던 중, 카스티야의 이사벨 여왕과 아라곤의 페르난도 왕이 결혼하면서 두 왕국은 더욱 강해졌지요. 두 왕국은 10년 동안 그라나다 왕국을 공격했어요. 그라나다 왕국의 나스르 왕조는 끝까지 버텼지만 1492년 1월 2일에 결국 항복하고 말았어요. 나스르 왕조의 마지막 왕인 보압딜 왕은 궁전을 내어주고 아프리카 모로코로 떠났어요. 항복하는 조건이, 알람브라 궁전을 지켜달라는 것이었으니 보압딜 왕이 얼마큼 알람브라를 사랑했는지 짐작할 수 있겠지요?

Q 보압딜 왕의 조건대로 알람브라는 잘 지켜졌나요?

아니요. 이사벨 여왕과 페르난도 왕은 궁전을 허물지는 않았지만, 자신들이 필요한 대로 여기저기 고치고 바꾸었어요. 나중에는 관리도 잘 안 되어 궁전에 쓰레기가 쌓이면서 점점 폐허가 되었어요. 그러다 미국 작가 워싱턴 어빙이 《알람브라의 이야기들》이라는 책을 펴내면서 많은 사람이 관심을 가지게 되었어요. 방문객이 늘어나자 정부는 알람브라 궁전을 보수하고 관리해서 지금의 아름답고 화려한 모습을 유지할 수 있었답니다.

나무도 용서할 수 없다!

별 모양의 아름다운 천장을 가진 아벤세라헤스의 방은 **비극**의 방이라고 불러요. 아벤세라헤스 가문의 한 귀족이 왕의 **후궁**과 사랑에 빠졌어요. 이를 알게 된 보압딜 왕은 용서하지 않았어요. 이 방에서 아벤세라헤스 가문의 남자 36명을 무참히 죽였어요. 죽은 젊은이들의 피는, 방과 연결된 수로를 따라 안뜰의 사자상까지 흘러갔고 사자의 입에서 붉은 피가 뿜어나왔어요.

비극은 여기에서 끝나지 않았어요. '건축가의 정원'이라는 뜻의 헤네랄리페는 50미터의 긴 수로와 울긋불긋한 꽃이 무척 아름다운 곳이에요. 그 가운데 생명을 잃고 죽은 나무 한 그루가 서 있어요. 이 나무 아래에서 왕의 후궁과 아벤세라헤스의 귀족이 사랑을 속삭였어요. 36명의 남자를 모두 죽이고도 화가 풀리지 않았던 왕은 그들을 지켜본 나무마저도 용서할 수 없었어요. 물길을 끊어서 말라 죽게 만들었어요. 나무는 생명을 잃은 채 지금도 여전히 그 공간을 지키고 있답니다.

비극 슬픈 일
후궁 왕비가 아니면서, 왕과 함께 사는 부인

이슬람의 유산을 간직한 붉은 보석 **알람브라 궁전**

알람브라 궁전을 지켜주시오!

보압딜 왕은 결국, 페르난도 왕과 이사벨 여왕의 공격을 이겨내지 못하고 항복했어요. 신하와 백성들은 끝까지 싸우기를 바랐어요. 이대로 포기하면 800년 동안 지배했던 유럽 대륙을 영영 잃게 되니까요. 하지만 보압딜 왕의 생각은 달랐어요. 전투가 계속되면서 식량이 떨어졌고 군사와 백성의 고통이 커졌어요. 이대로 전투가 이어진다면 알람브라 궁전마저도 파괴되어 사라질 것으로 생각했어요. 보압딜 왕은 자신이 사랑한 알람브라 궁전이 보존되기를 간절히 바랐어요.

항복의 날이 다가왔어요. 붉은 옷을 입은 기세등등한 페르난도 왕이 보압딜 왕에게 손을 내밀고 있어요. 하얀 말을 타고 있는 이사벨 여왕은 여유롭게 지켜보고 있고요. 보압딜 왕은 손에 들고 있는 커다란 열쇠를 이제 넘겨주어야 해요. 알람브라 궁전의 성문 열쇠예요.

"알람브라 궁전을 보존해 주시오."

보압딜 왕은 떨리는 손으로 열쇠를 건네고, 바다 건너 아프리카 모로코로 떠났어요. 그는 마지막 언덕 위에서 알람브라 궁전을 한참이나 돌아보았다고 해요.

〈그라나다의 항복〉 프란치스코 프라디야, 1882년

플레이 타임  알람브라 궁전 영역

※ 그림 안의 말풍선을 재미있게 채워보세요.

페르난도 왕 :

보압딜 왕 :

이사벨 여왕 :

알람브라 궁전은 유럽에서 800년을 버틴
유럽 속 이슬람 궁전이에요.
캄보디아에는 800년 동안 감춰져 있던
정글 속 신의 공간이 있어요.
캄보디아의 랜드마크인 이곳은 어디일까요?

❶ 앙코르와트   ❷ 사그라다 파밀리아 대성당

 **A** 800년 동안 정글에 감춰져 있던 신의 공간은
❶ 앙코르와트예요.

12 ANGKOR WAT
앙코르와트

지상에 세운 황금빛 신의 궁전 | 1113~1150년 | 캄보디아 시엠리엡

캄보디아

위치	아시아 남동쪽
수도	프놈펜
언어	크메르어
인구	약 1,700만 명
화폐	리엘 (100리엘 = 약 310원)
특징	동남아시아 전체를 지배했던 크메르 제국의 후예. 태국, 라오스, 베트남과 국경을 접하고 있는 불교 국가예요.

Q 앙코르와트는 어떤 곳이에요?

앙코르는 '도시', 와트는 '**사원**'이라는 뜻이에요. '신들이 사는 도시'라는 의미가 있는 **힌두교** 유적으로 캄보디아뿐만 아니라 세계에서 가장 큰 사원이에요. 앙코르와트는 캄보디아의 국기에도 그려진 캄보디아의 상징이지요. 캄보디아 국민이 가장 사랑하는 문화유산이랍니다.

앙코르와트가 그려진 캄보디아 국기

사원 이슬람교·힌두교 등의 종교 단체 신자들이 모여 기도하는 장소
힌두교 고대 인도에서 전해져오는 종교와 민간 신앙이 합쳐져서 발전한 종교

Q 언제 지어졌어요?

앙코르와트는 크메르 제국시대(802~1431년)에 지어졌어요. 크메르 제국은 캄보디아의 역사상 최고의 전성기를 이룬 대제국이에요. 동남아시아 대부분을 지배했지요. 크메르 왕조 중에서도 가장 전성기를 누린 왕은 수리야바르만 2세예요. 막강한 군사력과 절대 권력을 가지고 있었지요. 열렬한 힌두교도였던 수리야바르만 2세는 자신이 깊게 믿었던 비슈누 신에게 바치기 위해 앙코르와트를 지었어요. 크메르 왕조는 왕이 죽으면 자신이 믿었던 신과 하나가 된다는 믿음을 가지고 있었거든요. 그래서 왕의 무덤으로 활용되기도 했어요.

Q 비슈누 신은 어떤 신이에요?

창조의 신 '브라흐마', 파괴의 신 '시바'와 함께 유지의 신 '비슈누'가 힌두교의 3대 신이에요. 비슈누는 우주를 유지하고 보존하는 신이며 자애롭고 평화로운 성격을 지녔어요. 크메르 왕조와 백성들은 비슈누 신을 수호신으로 믿었답니다.

Q 앙코르와트는 어떤 모습인가요?

앙코르와트는 동서의 길이가 1.5킬로미터, 남북의 길이는 1.3킬로미터나 되는 직사각형의 건축물이에요. 중앙사원에는 65미터 높이의 사각뿔 모양 탑이 서 있고 사원의 가운데와 모서리에는 연꽃 봉오리를 닮은 돌탑이 세워져 있어요. 가운데에 있는 높은 탑은 우주의 중심인 수미산을 상징해요. 수미산은 세계의 중심에 있다고 믿은 상상의 산이에요. 사원을 둘러싸고 긴 성벽이 세워져 있고, 사원 둘레에는 넓고 긴 **해자**가 있어요. 폭이 190미터에 전체 길이가 5,400미터나 되는 해자는 인간의 공간과 신의 세계를 구분 짓는 경계 역할을 해요. 해가 떠오를 때와 해가 질 때, 태양 빛을 받은 사원은 황금빛으로 변해요. 넓은 해자에 황금빛 사원이 비치는 풍경은 신비롭고 아름다워서 신의 세계를 엿보는 것 같아요. 많은 여행자가 반하는 풍경이에요.

해자 적의 침입을 막기 위해 성 밖을 둘러파서 물을 채운 곳

해자는 적의 침입을 막기 위해 만들잖아요?

맞아요. 일반적으로 해자는 적의 침입을 막기 위해서 만들지요. 앙코르와트의 해자는 깊이가 3미터예요. 사람이 건너기엔 깊고, 큰 배가 떠다니기엔 얕기 때문에 사원을 공격하거나 침입하기가 어려웠어요. 앙코르와트의 해자는 방어의 기능뿐만 아니라 다른 의미도 가지고 있어요. 앙코르와트의 해자를 건넌다는 것은 신의 세계에 들어선다는 것과 같은 뜻이에요. 신과 인간의 세계를 나누는 경계선 역할을 하고 있지요. 또한 건기와 우기의 구분이 뚜렷한 캄보디아에서는 걱정거리가 있었어요. 비가 내리지 않은 건기에는 땅이 갈라져 건축물이 무너지는 경우가 자주 있었거든요. 충분한 물을 담고 있는 해자가 건기에 땅이 마르는 것을 방지하는 역할을 해주었어요. 그리고 백성들이 물 걱정 없이 농사를 지을 수 있도록 **관개시설**의 기능도 했어요. 풍부한 물 덕분에 유적지 주변의 농가는 1년에 3번이나 곡식을 수확할 수 있었답니다.

관개시설 논이나 밭에 물을 대고 뺄 수 있도록 해놓은 시설

해자로 둘러싸인 앙코르와트 ⓒ Free Software Foundation

Q 사원에서 나무가 자란다고요?

앙코르와트 북쪽에는 앙코르 톰 유적지가 있어요. '큰 도시'라는 뜻을 가진 앙코르 톰은 1200년 무렵에 세워진 불교 사원이에요. 그중 타프롬 사원은 특별한 모습을 하고 있어요. 거대한 나무뿌리가 사원 건축물과 뒤엉켜 있지요? 왕조가 몰락한 뒤, 사원은 800년간 밀림에 버려져 있었어요. 아무도 돌보지 않는 동안 온갖 나무들의 씨가 사원에 자리를 잡고 자라기 시작했어요. 나무는 건축물의 수분을 흡수하며 건축물 사이 사이에 단단하게 뿌리를 내렸어요. 지금은 나무가 사원의 일부가 되었어요. 시간과 자연과 건축물이 이루어낸 변화는 어디에서도 보기 어려운 놀랍도록 신기한 모습이에요. 하지만 나무 때문에 사원은 조금씩 파괴되고 있어요. 캄보디아 정부는 조심스럽게 복원을 진행하고 있답니다.

나무뿌리에 휘감긴 타프롬 사원

신을 위해 춤추는 여신, 압사라

압사라는 춤추는 여신 또는 **천상**의 **무희**라는 뜻이에요. 힌두교에서는, 천지가 만들어질 때 6억 명의 압사라가 탄생했다고 전해져요. 압사라는 신에게 즐거움을 주기 위해 춤을 췄어요. 신을 위한 공간인 앙코르와트에 압사라를 새겨넣는 것은 당연한 일이겠지요? 앙코르와트 벽면에는 화려한 허리 장식을 두르고 섬세한 손동작을 보여주는 수많은 압사라가 조각되어 있어요. 모두 1,850개의 부조가 남아 있는데 이것을 연속 동작으로 보면 한 편의 춤이 만들어진다고 해요. 캄보디아 왕실에서 이 조각들을 모두 사진으로 찍은 뒤, 동영상으로 만들었더니 실제로 춤이 되었대요. 완성된 압사라 춤은 유네스코 무형문화유산으로 선정되어 보호받고 있어요. 건축물과는 달리 민속이나 전통 등 형태가 없는 문화유산을 무형문화유산이라고 해요.

천상 하늘 위
무희 춤추는 직업을 가진 여성

여기에 앙코르와트가 있어요!

앙리 무오는 프랑스의 식물학자였어요. 여행을 무척 좋아했던 무오는 인도차이나반도로 탐험을 떠났어요. 인도차이나반도는 인도와 중국(차이나) 사이에 있는 반도 지역으로 베트남, 캄보디아, 태국 등의 나라가 있어요. 무오는 현지인의 도움을 받아서 캄보디아를 탐사했어요. 그런데 어느 곳에 도착하자 현지인이 탐사를 멈추고 두려워하기 시작했어요. 그곳은 옛날에 뱀을 섬기는 왕국이었는데 무서운 전설이 전해진다고 했어요. 왕족이 반역을 일으켜 왕국이 사라졌지만 왕의 저주가 남아 있어서 이곳을 다녀간 사람들이 죽는다는 전설이었어요.

하지만 무오는 두려워하지 않고 탐사를 계속했어요. 탐험을 시작한 지 1년만인 1860년에 정글에 숨은 거대한 도시를 발견했지요. 그러나 사람들은 믿지 않았어요. 무오는 자신이 본 신비한 도시에 대해 글을 쓰고 정성껏 그림을 그렸어요. 그런데 왕의 저주가 통했던 걸까요? 무오는 탐사에서 돌아온 다음해에 말라리아에 걸려 죽고 말았어요. 사람들은 저주 때문이라고 수군거렸지요.

5년 후, 무오가 남긴 책을 우연히 본 해군 장교가 캄보디아로 훌쩍 떠났어요. 그곳에서 마침내 책에 묘사된 것과 똑같은 도시를 찾아냈어요. 바로 앙코르와트였지요. 앙리 무오가 그린 그림이 이렇게 외치고 있는 것 같지 않나요? 여기에 앙코르와트가 있어요!

〈앙코르와트〉 앙리 무오, 1860년

 | # 앙코르와트 영역

※ 힌트를 잘 읽고 퍼즐을 완성하세요. 노란 상자에 숨은 단어는 무엇일까요?

[가로 방향]

1. 조선 시대에 사용하던 해시계
2. 인류가 보존하고 보호해야 할 문화와 자연을 세계유산으로 지정하여 보호하는 국제기구 예) ○○○○ 세계유산
3. '재생'을 의미하는 단어로 이탈리아를 중심으로 서유럽에서 일어난 문예 부흥 운동을 부르는 말
4. 흙이나 시멘트로 만들어서, 지붕을 덮는 데 쓰는 것
   예) 일본 히메지성의 지붕은 ○○로 덮여 있어요.
5. 화물 자동차

앙코르와트는 현재 남아 있는 사원 건축물 중 가장 커요.
현재 남아 있는 천문대 중 가장 오래된 천문대는 무엇일까요?
우리나라에 있답니다!

❶ 오줌싸개 동상   ❷ 첨성대

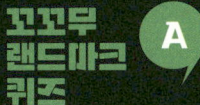 현재 남아 있는 천문대 중 가장 오래된 천문대는
❷ 첨성대예요.

13
CHEOMSEONGDAE
첨성대

**고대의 밤하늘을 살핀
오래된 파수꾼** | 633년 | 대한민국
경주

대한민국

위치	아시아 동쪽
수도	서울
언어	한국어
인구	약 5,100만 명
화폐	원
특징	남과 북이 대립하고 있는, 세계에서 유일한 분단국가예요. 첨단 과학 기술과 세련된 문화 예술로 세계의 주목을 받고 있어요.

Q 첨성대는 언제 지어졌어요?

첨성대는 633년 신라 선덕여왕 시대에 지어졌어요. 선덕여왕은 우리 역사상 최초의 여왕이에요. 첨성대는 우리나라 고대 건축물 중 지어진 당시의 모습이 그대로 보존된 유일한 문화재랍니다.

Q 첨성대는 무엇을 하는 곳이에요?

첨성대는 해와 달과 별의 움직임을 관찰하는 천문대예요. 전 세계에 남아 있는 천문대 중에서 가장 오래되었어요.

Q 얼마나 크고 높아요?

첨성대는 우물과 닮은 **호리병** 모양을 하고 있어요. 높이가 9.17미터이고 바닥 원의 지름은 4.93미터, 위쪽 원의 지름은 2.85미터예요. 4층 건물 높이의 아담한 천문대랍니다.

> **호리병** 위와 아래가 둥글며, 가운데가 잘록한 모양으로 생긴 병. 술이나 약 따위를 담아 가지고 다니는 병

Q 첨성대는 돌을 쌓아서 지은 건가요?

네모난 화강암 벽돌 362개를 27단으로 쌓아서 지었어요. 벽돌의 개수인 362는 1년을 **음력**으로 계산한 날의 수이고, 27단은 27대 왕인 선덕여왕을 상징하는 것이라고 여겨요. 둥글게 쌓아 올린 첨성대의 중간에는 네모난 창이 나 있어요. 창이 걸쳐 있는 3단을 빼면, 창의 아랫단이 12단, 윗단이 12단이어서 24**절기**를 의미한다고 해석하지요.

> **음력** 달이 지구를 한 바퀴 도는 데 걸리는 시간을 한 달로 정해 만든 달력으로, 달이 차고 기우는 모양 변화를 기준으로 날짜를 정하는 체계를 말함. 양력은 지구가 태양의 주위를 한 바퀴 도는 데 걸리는 시간을 1년으로 정해 만든 달력

Q 24절기가 뭐예요?

24절기는 태양의 움직임에 따라 1년을 24개로 나눈 것을 말해요. 우리 조상들은 24절기를 기준으로 삼아 생활하고 농사를 지었어요. 봄, 여름, 가을, 겨울에 각각 6개의 절기가 있어요.

맨 처음 절기는 입춘이에요. 2월 4일경인데 슬슬 봄으로 접어드는 봄의 입구가 되는 날이에요. 농민들은 보리싹으로 점을 치기도 했어요. 보리싹이 잘 자랐다면 그 해의 농사는 풍년이랍니다. 겨울로 접어드는 절기는 입동이에요. 11월 7일경인데, 입동에 날씨가 추우면 그 겨울은 몹시 추워요. 입동이 지나면 배추가 얼어버리기 때문에 이즈음에 김장을 담근답니다. 24절기의 마지막 절기는 1월 21일경 대한이에요. 큰 추위라는 뜻인데, 겨울 중 가장 추운 날이에요. 그런데 실제로는 작은 추위라는 뜻의 소한이 더 추워서 "대한이 소한 집에 놀러갔다가 얼어 죽었다."라는 재밌는 속담이 있답니다. 24절기에는 조상들의 지혜가 듬뿍 담겨 있어요.

Q 어떻게 올라가서 하늘을 관측해요?

첨성대 중간에 있는 네모난 창이 12단 높이라고 했지요? 첨성대 안쪽은 창의 높이인 12단까지 흙이 채워져 있어요. 돌을 쌓아 만들었기 때문에 지진이나 자연재해가 일어날 때 무너질 위험이 있었거든요. 안쪽을 채운 흙은 첨성대를 단단하게 지탱해주었지요. 네모난 창은 첨성대로 들어가는 입구였어요. 바깥쪽에 사다리를 놓고 창으로 들어가면 단단하게 채워진 흙 위에 또 다른 사다리가 놓여 있어요. 꼭대기로 올라갈 수 있게 말이에요. 첨성대의 맨 위쪽에는 긴 돌이 사각형을 만들며 2단으로 쌓여 있는데 그 위에 관측기구를 놓고 하늘을 관측했을 것으로 추정해요.

첨성대 내부로 들어가는 입구인 네모난 창
ⓒ 문화재청

긴 돌이 2단으로 놓인 꼭대기

Q 하늘을 잘 살펴보려면 천문대는 높아야 하지 않나요?

첨성대는 높이가 낮고, 높은 산이 아닌 왕궁 옆의 평지에 지어졌어요. 그래서 천문대가 아닐 것이라는 의견도 있었어요. 천문대는 높은 산 위에 지어야 한다고 생각하니까요. 하늘을 관찰하기 위해서는 주변이 잘 보여야 하고, 밤에는 어두워야 해요. 첨성대가 지어진 시대는, 주위에 높은 건물이 없어서 첨성대의 높이에서도 주변이 아주 잘 보였어요. 밤에도 지금처럼 도시가 환하지 않았으니까 천문대를 굳이 산 위에 지을 필요가 없었겠지요? 또 당시에 천문 관측을 하는 이유 중에는 국가의 길흉을 점치는 목적도 있었어요. 나라에 좋은 일이 일어나는지, 흉한 일은 없는지를 확인하기 위해서였지요. 이 행사는 왕에게 중요한 의식이었기 때문에 깊은 산 속보다는 왕궁에서 가까워야 했어요. 천문대가 아닐 것이라는 의견은 **신빙성**이 낮다고 판단하고 있어요.

신빙성 믿을 수 있는 정도

첨성대 야경 ⓒ 문화재청

Q 첨성대에서 얻은 관측 결과를 어떻게 이용했어요?

해와 달과 별의 움직임을 관찰해서 날짜와 계절을 알 수 있었어요. 씨 뿌릴 시기, 곡식을 거둘 때, 눈이나 비가 내리게 될 것을 백성들에게 알려주었지요. 농사를 지으며 살았던 당시 사람들에게 중요하고 유용한 정보였답니다.

하늘을 나는 신비로운 말

경주역사유적지구 천마총에서 발굴된 이 그림은 하얀 천마의 모습이에요. 천마는 '하늘을 나는 말'이라는 뜻이에요. 천마가 그려진 그림이 발굴되어서 이 무덤은 천마총이라는 이름으로 부르고 있어요. 이 그림은 장니에 그려졌어요. 장니는 말다래라고도 하는데, 말을 탄 사람의 다리에 흙이 튀지 않도록 말의 안장 아래에 늘어뜨리는 판이에요. 천마총에서 발굴된 말다래는, 가로 75센티미터, 세로 53센티미터, 두께는 약 6밀리미터예요. 자작나무에 가죽을 덧대어서 만들었어요. 천마가 꼬리를 높이 세우고 힘차게 달리고 있지요? 혀를 내밀고 있는 것처럼 보여요. 머리에 볼록 올라온 뿔이 보여서 말이 아닐 거라는 의견도 있었지만 뿔이 아니라 뭉쳐진 갈기의 모습일 거라 결론을 지었어요.

그 시대 사람들은 죽은 사람을 하늘로 실어나르는 신비로운 동물이 천마라고 생각했어요. 5~6세기 신라 시대의 유물인 천마도는, 고구려 무덤의 벽화와 비슷한 양식이에요. 그래서 신라의 미술이 고구려의 영향을 받았다는 것을 알 수 있답니다.

〈천마도〉 5세기 ⓒ 문화재청

총	왕, 왕비, 귀족의 무덤 중 주인이 누구인지 알려지지 않은 무덤 발굴된 유물로 무덤의 이름을 정함 (예 : 천마총, 금관총)
릉	왕, 왕비의 무덤으로 주인이 누구인지 아는 경우 (예 : 무열왕릉, 선덕왕릉)
고분	흙을 둥글게 쌓아올린 오래된 무덤

대나무 잎 군대는 귀신 군대였을까?

297년, 신라의 14대 유리왕 시절이었어요. 이서국의 군대가 경주로 쳐들어왔어요. 이서국은 지금의 경상북도 청도 지역에 자리 잡은 신라 초기의 작은 국가예요. 적군의 침략에 맞서기 위해 신라는 많은 군대를 동원했어요. 하지만 점점 불리해졌어요. 수도인 경주가 **함락**될 위기에 처했어요. 그때였어요. 하늘에 먹구름이 몰려오고 우르르 쾅쾅 천둥 번개가 치더니 어디선가 군사들이 나타났어요. 수를 셀 수 없을 만큼 많은 군사가 신라군에 합세했어요. 어느 나라에서 왔는지 알 수 없는 이상한 군대였어요. 그들은 초롱초롱하게 눈을 빛내며 신라군을 도와 적군을 공격했어요. 이사국의 군대는 뿔뿔이 흩어지고 신라는 경주를 지킬 수 있었지요. 적군이 사라지자 이상한 군대도 감쪽같이 사라졌어요. 이상한 군대의 군사들이 귀에 대나무 잎을 꽂고 있었다는 것 말고는 누구인지 알지 못했지요.

어느 날, 백성들이 미추왕릉에 도착해보니 능 앞에 대나무 이파리들이 수북하게 쌓여 있었어요. 백성들은 그제야 깨달았어요. **선왕**인 13대 미추왕이 죽은 이들을 불러모아 군사를 꾸려서 신라를 지켰다는 것을요. 그 이상한 군대는 귀신 군대였던 것이지요. 미추왕은 백성을 사랑하는 마음이 지극했다고 해요. 미추왕릉은 첨성대가 있는 경주역사유적지구에 함께 있어요.

함락 적의 요새를 쳐들어가서 빼앗음
선왕 앞 대의 임금

 | # 첨성대 영역

※ 다음 각 물음을 잘 읽고 알맞은 답을 골라보세요.

1. 빈칸에 알맞은 말을 골라 번호를 쓰세요. (   )

> **첨성대는 대한민국의 □□에 있어요.**

① 서울　　② 동경　　③ 경주　　④ 방콕

2. 첨성대에서 관찰할 수 없는 것은 무엇인가요? (   )

①　　　　②　　　　③　　　　④

3. 첨성대에 대해 이야기하고 있어요. 연관이 있는 문장을 연결해주세요.

해와 달과 별의 움직임을 관찰하는　●　　●　말의 안장 아래에 늘어뜨리는 판이에요.

첨성대의 안쪽을 채운 흙은　●　　●　천문대예요.

천마도가 그려진 장니는　●　　●　지진에 흔들리지 않게 단단하게 지탱해주었어요.

4. 네모 안의 단어를 읽고 첨성대와 관계가 있는 것에 형광펜을 칠하세요.

> 무덤　호리병　제사　선덕여왕　천문대　문무대왕　거대하다　깊은산　24절기

꼬리에 꼬리를 무는
랜드마크 지구여행

첨성대의 꼬리를 무는 랜드마크는 무엇일까요?

재미있는 퀴즈를 만들어서 출판사로 보내주세요.

어린이 여러분이 보내준 퀴즈로,

랜드마크 지구여행 3권을 시작해 볼게요!

퀴즈가 선정되어 도서에 실리면, 어린이의 이름을

도서에 기재하고, 출간된 도서를 선물로 보내드립니다.

첨성대 꼬꼬무 랜드마크 퀴즈 보낼 곳

도서출판 더블:엔 | 서울시 강서구 마곡서1로 132, 301-901
e-mail : double_en@naver.com

01. 런던탑

- 28p

유령

02. 모아이

- 40p

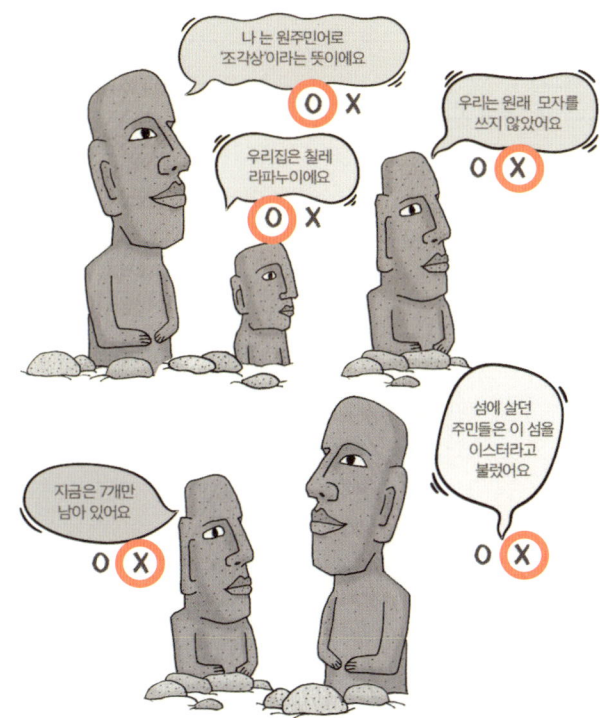

03. 스톤헨지
● 50p

04. 사그라다 파밀리아 대성당
● 62p

1. ④ 바르셀로나
2. ③
3.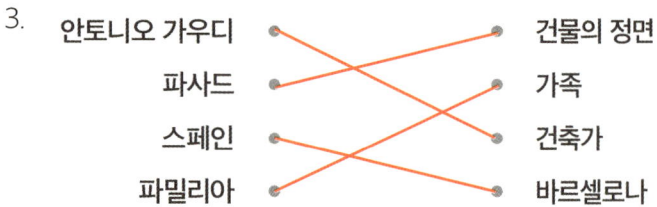
4. 자연, 건축가, 걸작

05. 오줌싸개 동상
● 72p

1. 벨기에
2. 소년
3. 그랑플라스
4. 미키마우스
5. 한복
6. 박물관

06. 개선문

● 84p

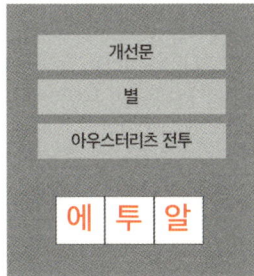
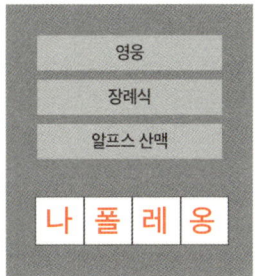
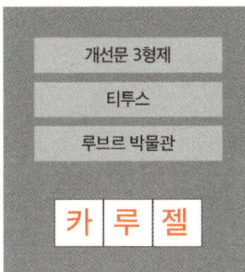
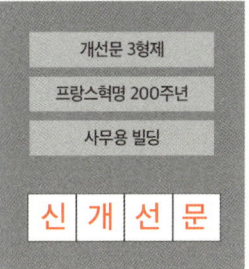

07. 브란덴부르크 문

● 96p

08. 콜로세움

● 108p   5만 명   검투사   콜로수스   이탈리아 로마

09. 오페라하우스
● 118p

1. 시드니
2. 공연장
3. 덴마크
4. 오렌지, 요트
5. 세라믹
6. 돌가루

10. 히메지성
● 130p

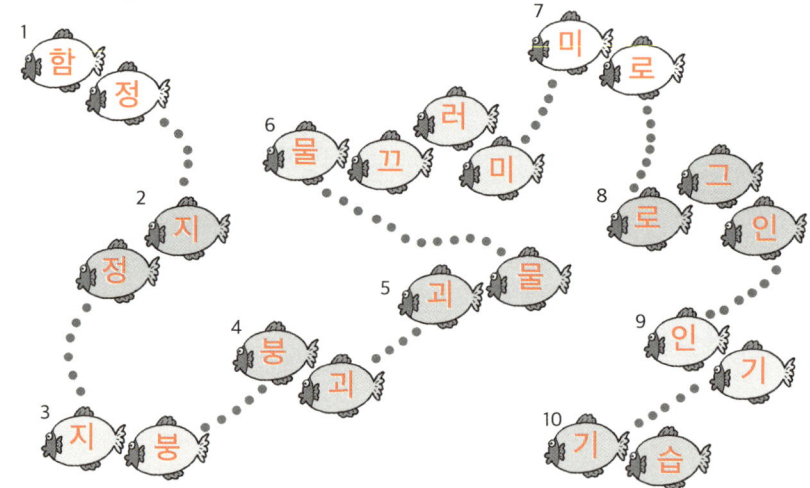

11. 알람브라 궁전
● 142p

왼쪽의 보압딜 왕은 전투에서 져서 항복해야 하는 상황이지만, 알람브라 궁전은 지키고 싶었어요. 붉은 망토를 걸친 페르난도 왕과 하얀 말을 타고 있는 이사벨 여왕에게 무슨 말을 하며 열쇠를 넘겨주었을까요? 또 왕과 여왕은 그 말에 뭐라고 대답했을까요? 어린이 여러분의 상상력을 발휘하여 재미있게 채워보아요.

12. 앙코르와트
● 154p

앙코르와트

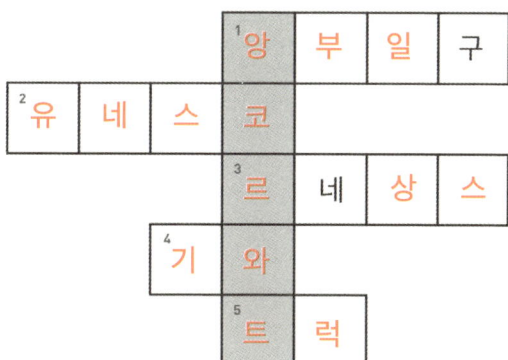

13. 첨성대
● 166p

1. ③ 경주

2. ②

3. 해와 달과 별의 움직임을 관찰하는 — 천문대예요.
   첨성대의 안쪽을 채운 흙은 — 지진에 흔들리지 않게 단단하게 지탱해주었어요.
   천마도가 그려진 장니는 — 말의 안장 아래에 늘어뜨리는 판이에요.

4. 무덤 호리병 제사 선덕여왕 천문대 문무대왕 거대하다 깊은산 24절기

꼬리에 꼬리는 무는 랜드마크 지구여행,
즐거웠나요?

173

꼬리에 꼬리를 무는
랜드마크 지구여행

차례 1

1. 인간의 도시를 보듬은 신의 공간 **파르테논 신전**
2. 영웅의 기운이 서린 오래된 등대 **헤라클레스의 탑**
3. 아슬아슬, 쓰러지지 않는 신기한 탑 **피사의 사탑**
4. 프랑스의 자랑이 된 못난이 철탑 **에펠탑**
5. 횃불처럼 타오르는 자유의 상징 **자유의 여신상**
6. 소중히 지켜야 할 대한민국 국보 **숭례문**
7. 함께 지켜야 할 어여쁜 동화의 상징 **인어공주 동상**
8. 백조를 닮은 우아한 숲속 궁전 **노이슈반슈타인 성**
9. 무서운 황제의 아름다운 걸작 **성 바실리 대성당**
10. 높고 멋진, 과학 기술의 결정체 **부르즈 할리파**
11. 노동자의 피눈물과 바꾼 지상 최대 건축물 **만리장성**
12. 황제의 사랑을 품은 찬란한 무덤 **타지마할**
13. 파라오의 영혼이 머무는 거대한 무덤 **피라미드**
14. 비밀에 싸인 수수께끼 공중도시 **마추픽추**

재미있게 읽으며 공부가 되는 어린이 교양서 시리즈
꼬꼬무 랜드마크 지구여행 1, 2
김춘희 글 이일선 그림

여행작가 김춘희 선생님과 함께 떠나는 랜드마크 지구여행~

지구 곳곳의 랜드마크를 통해 도시와 나라의 문화와 역사를 알아봅니다.
흥미로운 그림 이야기와 재미난 뒷이야기, 더 재밌는 플레이타임까지
읽다 보면 공부도 되는 어린이 인문 교양서

에펠탑이 빨간색이었다고요? 자유의 여신상이 한 개가 아니래요!
오줌싸개 동상이 옷을 입기도 해요? 런던탑을 까마귀가 지킨다고요!
모아이가 원래 모자를 쓰고 있었어요?

《꼬꼬무 신화 속 괴물여행》도 곧 출간됩니다.
김춘희 글 찬H 그림

여행작가 김춘희 선생님과 함께 떠나는 그리스 신화 속 괴물여행~

서양 문화의 근간이라고도 불리는 그리스 신화 속 다양한 괴물들을
만나러 스릴 넘치는 여행을 떠나봅시다~!
스핑크스, 세이렌, 메두사, 아르고스, 미노타우로스, …
신과 인간, 괴물 사이의 흥미진진한 이야기 속으로 출발~!!!

인간과 황소 사이에서 태어난 괴물 아이는 누구일까요?
지옥 문을 지키는 머리 셋 달린 개도 있어요!
온몸에 눈이 100개 달린 괴물이 있다? 없다?
백발노파로 태어난 세 자매 괴물의 눈은 모두 몇 개일까요?
머리카락이 없는 외눈박이 거인은 누구일까요?

도움을 얻은 자료들

참고도서

- 《건축물에 얽힌 12가지 살아있는 역사 이야기》 김선희, 어린이작가정신, 2007
- 《고대 중국》 제인 슈터, 개구쟁이 미르, 2008
- 《교과서에 나오는 유네스코 세계 문화유산 : 아시아》 이형준, 시공주니어, 2009
- 《교양으로 읽는 용선생 세계사 9 : 혁명의 시대》 차윤석 외, 사회평론, 2018
- 《나의 첫 세계사 여행 : 중국, 일본》 전국역사교사모임, 휴먼어린이, 2018
- 《나폴레옹과 프랑스 제1제정》 박우성, 주니어김영사, 2018
- 《도시로 보는 동남아시아사》 강희정·김종호 외, 사우, 2022
- 《독일, 여행의 시작》 정기호, 사람의무늬, 2013
- 《마법의 시간여행 지식탐험 14 : 로마 제국과 폼페이》 메리 폽 어즈번, 비룡소, 2007
- 《마법의 시간여행 지식탐험 20 : 유령들》 메리 폽 어즈번, 비룡소, 2011
- 《명화를 읽어 주는 어린이 미술관》 로지 디킨스, 시공주니어, 2007
- 《벌거벗은 세계사 : 인물편》 tvN 〈벌거벗은 세계사〉 제작팀, 교보문고, 2022
- 《생생한 역사화에 뭐가 담겨 있을까》 이주헌, 다섯수레, 2007
- 《설민석의 세계사 대모험 8 진시황제의 비밀》 설민석·김정욱, 단꿈아이, 2021
- 《세계 도시 지도책: 세계 30대 도시 지도와 함께하는 세계 여행》 조지아 체리, 풀과바람, 2016
- 《세계사를 움직인 100인》 김상엽·김지원, 청아출판사, 2010
- 《세상엔 알고 싶은 건축물이 너무도 많아》 스기모토 다쓰히코 외, 어크로스, 2021
- 《스톤헨지의 비밀》 믹 매닝, 소년한길, 2014
- 《신화와 축제의 땅 그리스 문명 기행》 김헌, 아카넷, 2021
- 《아이와 함께 유럽여행 : 꼭 한번 가봐야 할 교과서 유럽 여행지 100》 홍수연·홍연주, 길벗, 2019
- 《어린이가 꼭 알아야 할 세계의 건축물》 아네트 뢰더, 시공주니어, 2009

- 《어린이를 위한 유쾌한 세계 건축 여행》 배윤경, 토토북, 2012
- 《왜 진시황은 만리장성을 쌓았을까?》 신동준, 자음과모음, 2010
- 《이스터섬 : 바위 거인들의 비밀》 카트린 오를리아크, 시공사, 1997
- 《자유, 평등, 박애의 나라 프랑스 이야기》 장석훈, 미래엔아이세움, 2008
- 《정겨운 풍속화는 무엇을 말해 줄까》 이주헌, 다섯수레, 2008
- 《지도 위 과학 속 세계 유산 유적》 임유신, 이케이북, 2021
- 《지리의 힘 2》 팀 마샬, 사이, 2022
- 《파리 미술관 역사로 걷다》 이동섭, 지식서재, 2018

누리집

- 개선문   https://www.paris-arc-de-triomphe.fr/en
- 마추픽추   https://www.machupicchu.gob.pe/?lang=en
- 문화재청   https://www.cha.go.kr/
- 부르즈 할리파   https://www.burjkhalifa.ae/en/
- 브란덴부르크 문   https://www.visitberlin.de/en/brandenburg-gate
- 스톤헨지   https://www.english-heritage.org.uk/visit/places/stonehenge/
- 스톤헨지   http://www.stone-circles.org.uk/
- 스톤헨지 여행   https://www.thestonehengetour.info/
- 에펠탑   https://www.toureiffel.paris/en
- 오줌싸개 동상   https://www.brussels.be/manneken-pis
- 유네스코 세계유산위원회   https://whc.unesco.org/en
- 유네스코와 유산   https://heritage.unesco.or.kr
- 인어공주 동상 공식홈페이지   http://www.mermaidsculpture.dk
- 자유의 여신상   https://www.statueofliberty.org/statue-of-liberty/
- 코펜하겐 관광청   https://www.visitcopenhagen.com/